LA

LANGUE FRANÇAISE

ENSEIGNÉE

AUX ÉTRANGERS

Ouvrage divisé en quatre parties

PRONONCIATION, ORTHOGRAPHE, CONSTRUCTION, SIGNIFICATION

AU MOYEN DUQUEL

Tout étranger qui comprend et parle déjà le français peut facilement, et sans quitter son pays, se perfectionner lui-même dans la connaissance de cette langue

PAR

ÉMAN MARTIN

Professeur spécial pour les étrangers, à Paris.

DEUXIÈME PARTIE

ÉTUDE DE L'ORTHOGRAPHE

Prix : 3 fr. 50 c.

PARIS

CHEZ L'AUTEUR, RUE DE LA CHAUSSÉE-D'ANTIN, 19 *bis*

ET AUX LIBRAIRIES DE

STASSIN ET XAVIER
Rue de la Banque, 22.

REINWALD
Rue des Saints-Pères, 15.

1860

LA LANGUE FRANÇAISE

ENSEIGNÉE

AUX ÉTRANGERS

LA
LANGUE FRANÇAISE
ENSEIGNÉE
AUX ÉTRANGERS

Ouvrage divisé en quatre parties

PRONONCIATION, ORTHOGRAPHE, CONSTRUCTION, SIGNIFICATION

AU MOYEN DUQUEL

Tout étranger qui comprend et parle déjà le français
pourra facilement, et sans quitter son pays, se perfectionner lui-même
dans la connaissance de cette langue

PAR

EMAN MARTIN

Professeur spécial pour les étrangers, à Paris.

DEUXIÈME PARTIE :

ÉTUDE DE L'ORTHOGRAPHE

PARIS

CHEZ L'AUTEUR, RUE DE LA CHAUSSÉE-D'ANTIN, 19 *bis*.

ET AUX LIBRAIRIES DE

STASSIN ET XAVIER
Rue de la Banque, 22.

REINWALD
Rue des Saints-Pères, 15.

1860

[illegible]

[illegible]

[illegible]

[illegible]

[illegible]

[illegible]

[illegible]

[illegible]

[illegible]

[illegible]

[illegible]

[illegible]

[illegible]

[illegible]

[illegible]

[illegible]

[illegible]

[illegible]

[illegible]

LA LANGUE FRANÇAISE

ENSEIGNÉE

AUX ÉTRANGERS

DEUXIÈME PARTIE.

ORTHOGRAPHE.

Pour être en état de bien prononcer la langue française, quand on parle, il ne suffit pas de connaître les règles que j'ai données dans la première partie de cet ouvrage; il faut encore, dans une foule de cas, savoir comment les mots s'écrivent.

L'Orthographe, complément indispensable de la Prononciation, devait donc naturellement faire suite à cette dernière.

Mais que doit comprendre l'étude de l'Orthographe?

Si l'on examine un texte avec attention, on trouve que les mots sont tantôt surmontés, tantôt séparés par certains signes qu'il faut savoir employer; qu'ils sont représentés par certaines lettres convenues qu'il importe de connaître; enfin, que plusieurs d'entre eux ont, dans la phrase, des rapports marqués d'une certaine manière qu'il n'est pas permis d'ignorer.

De là trois livres dans cette deuxième partie : *l'Orthographe des signes*, *l'Orthographe des mots* et *l'Orthographe d'accord*.

Maintenant, un mot sur chacun de ces livres.

Dans le premier, j'étudie ce qui est relatif aux signes orthographiques, à ceux de la ponctuation, et à ceux plus particulièrement affectés au perfectionnement de l'écriture. — Dans le deuxième, je donne des règles sur les initiales, sur les finales et sur le redoublement des consonnes ; je fais l'étude des homophones, celle des abréviations, puis je termine par l'orthographe des désinences. — Dans le troisième, je débute par un long chapitre sur le genre ; puis, après avoir traité du nombre dans certains noms communs, et après certaines prépositions, je dis comment s'écrivent au pluriel les noms propres et les noms composés ; ensuite, je passe successivement en revue ce qui concerne l'accord de l'adjectif avec son substantif, celui du pronom avec son antécédent, celui du verbe avec son sujet, et j'expose enfin les règles des participes.

J'ai banni de ce volume presque toutes les définitions, parce qu'en général je les ai jugées superflues pour les lecteurs auxquels ce cours s'adresse. Mais, en revanche, on y trouvera maintes théories ou entièrement neuves, ou rajeunies, ou au moins présentées d'une manière qui les rend plus accessibles, je pense, aux étrangers qui cultivent le français.

Je ne donne aucune règle sans l'appuyer d'un, de deux, et quelquefois de plusieurs exemples.

Comme dans l'étude de la Prononciation, j'indique par une petite main (☞) tantôt les fautes auxquelles je sais les étrangers le plus enclins, tantôt les difficultés dont la gravité pourrait leur échapper, tantôt enfin une opinion que j'émets sur ce qu'il convient de pratiquer dans certains cas où il se trouve encore quelque point en litige.

Pour rassembler les matériaux de ce traité, j'ai mis à contribution, cela va sans dire, les ouvrages les plus autorisés sur l'Orthographe ; mais, si j'ai usé du droit des derniers venus, je l'ai fait avec une discrétion telle que personne ne pût contester à mon œuvre d'être mienne autant qu'il est possible.

Au nombre des auteurs que j'ai consultés avec le plus de fruit, je dois mentionner Giraut-Duvivier, Noël et Chapsal, Darbois, Poitevin, B. Julien et surtout MM. Bescherelle et Litais de Gaux, à la

Grammaire nationale desquels j'ai emprunté non-seulement plus d'une théorie, mais encore une foule d'exemples.

J'ai dit le programme de cette seconde partie, comment j'ai cru devoir le remplir, et les maîtres dont les travaux ont allégé ma tâche.

Puisse maintenant mon public étranger être d'avis qu'en cherchant à le servir, je ne me serai point donné une peine inutile !

LIVRE PREMIER.

DE L'ORTHOGRAPHE DES SIGNES.

Indépendamment des caractères ou lettres, notre langue fait usage de signes qui sont de trois sortes : les *signes orthographiques,* qui affectent les mots, les *signes de la ponctuation*, qui marquent les repos dans la phrase, et enfin *certains autres signes* d'une importance secondaire, destinés à répandre plus de clarté dans l'écriture.

Trois chapitres, telle sera donc la division de ce livre.

CHAPITRE PREMIER.

DES SIGNES ORTHOGRAPHIQUES.

Les signes orthographiques sont : les *accents,* l'*apostrophe,* la *cédille,* le *tréma* et le *trait d'union.*

Je vais traiter des accents dans une première section ; je parlerai des quatre autres signes dans une seconde.

SECTION Ire. — Des Accents.

Les accents sont des signes qui se mettent sur les voyelles ; mais en français, leur usage est tout autre que dans les autres langues.

Nous avons trois sortes d'accents : l'accent *aigu* (´), qui ne se place que sur les *e;* l'accent *grave* (`), que sur les *e* et les *a,* et enfin l'accent *circonflexe* (^), sur toutes les voyelles simples, excepté *y,* qui n'est jamais surmonté d'aucun signe.

Bien que nos accents soient loin de peindre toujours le son des voyelles qu'ils surmontent, il est incontestable cependant que, dans beaucoup de circonstances, surtout en ce qui concerne les *e,* ils indiquent cette prononciation avec assez d'exactitude, et que dès lors la connaissance de leurs cas d'emploi doit rendre la bonne prononciation plus accessible aux étrangers.

Dans l'exposition que je vais faire de cette importante théorie, je parlerai d'abord de l'accent circonflexe, ensuite de l'accent aigu et de l'accent grave appliqués à l'accentuation de la voyelle *e;* puis je signalerai les variations de l'accent dans les mots dérivés.

§ 1er. — De l'Accent circonflexe.

Voici les principaux cas d'emploi de cet accent :

1° Toute voyelle déjà marquée de l'accent circonflexe dans un dérivé porte cet accent dans *le primitif;* ainsi les mots *prêter, arrêter, enchaîner, goûter, âcreté,* ayant un accent circonflexe, il faut écrire :

Prêt, arrêt, chaîne, âcre, goût.

Nota. Mais la réciproque n'est pas vraie, ainsi qu'on peut le voir au § 3, remarque 4 du présent chapitre.

2° Toutes les fois qu'une voyelle est suivie d'un *s* qui se prononce, cette voyelle, dans un mot de même famille écrit sans *s,* doit porter l'accent circonflexe. Ainsi, comme *s* est prononcé dans *aspérité, bestial, arrestation, épistolaire, apostolat, hospitalier,* on en conclut qu'il faut écrire :

âpre, bête, arrêter, épître, apôtre, hôpital.

3° La voyelle *i* qui précède *t* veut aussi l'accent circonflexe dans la conjugaison des verbes en *aître, oître,* qui ont le participe présent en *aissant.* Or, puisqu'on dit *naissant, paraissant, croissant, paissant,* on écrira :

Il *naît,* il *paraît,* il *croît,* il *paît.*

☞ Lorsqu'en vertu de deux règles orthographiques, deux signes doivent se placer *simultanément* sur une même voyelle, on ne conserve que le *plus important;* le point doit donc disparaître dans le cas où l'*i* doit porter un accent circonflexe.

4° On emploie aussi cet accent sur la finale *atre*, qu'elle appartienne aux substantifs ou aux adjectifs :

Acariâtre, marâtre, idolâtre, albâtre, emplâtre, etc.

5° On met encore un accent circonflexe sur les pronoms possessifs *nôtre* et *vôtre*, pour les distinguer de leurs homophones adjectifs possessifs. Ainsi l'on doit écrire :

Votre cheval est meilleur que le *nôtre ;*
Notre maison est plus haute que la *vôtre.*

6° Cet accent s'emploie aussi sur les deux premières personnes plurielles du *passé défini*, ainsi qu'à la troisième personne singulière de l'*imparfait du subjonctif :*

Nous *aimâmes*, vous *reçûtes*, nous *rendîmes*, nous *tînmes ;*
Il fallait qu'il *chantât*, qu'il *partît*, qu'il *revînt*, etc.

NOTA. Comme l'accent circonflexe est moins important que le tréma, le premier disparaît à ces deux temps quand il s'agit du verbe *haïr*. On écrit : *nous haïmes, vous haïtes, qu'aviez-vous fait pour qu'il vous haït si fort ?*

7° De même sur les adjectifs *mûr*, qui a de la *maturité*, et *sûr*, *certain* (qu'on écrivait autrefois *meur, seur*), et qui se trouvent distingués ainsi de *mur*, signifiant *muraille*, et de *sur*, préposition et adjectif qui veut dire *aigre*. On écrit donc :

Un fruit *mûr*. Monter sur un *mur*.
Un pont *sûr*. Comme ce vin est *sur !*

8° L'accent circonflexe marque également la suppression de *e* dans les participes passés *dû* et *crû* des verbes *devoir* et *croître* (écrits jadis *deu, creu*), et empêche de les confondre avec la contraction *du* et le participe passé du verbe *croire :*

J'ai *dû* agir ainsi ; cet arbre a bien *crû* cette année.

NOTA. Au pluriel et au féminin, le participe *dû* ne prend pas d'accent, car alors il n'y a plus de mot avec lequel on puisse le confondre.

9° On emploie encore l'accent circonflexe pour distinguer les personnes homophones des verbes *croire* et *croître*. Ainsi, l'on écrit :

CROIRE : Je *crois*, il *croit;* tu *crus*, il *crut;* que je *crusse*, etc.
CROÎTRE : Je *croîs*, il *croît;* tu *crûs*, il *crût;* que je *crûsse*, etc.

10° Lorsque dans un substantif en *ement* formé d'un verbe, on supprime l'*e* muet (ce qui peut se faire quand cette finale vient immédiatement après une voyelle), on marque cette suppression par un accent circonflexe. Écrivez donc :

Larmoîment, dénoûment, dénûment, renîment, tutoîment, etc.

Il n'y a qu'un mot, *argument,* qui fasse exception.

NOTA. Cette règle s'applique seulement aux substantifs ; car s'il s'agit d'*adverbes* formés d'adjectifs terminés par *é*, *u*, *i*, on n'ajoute aucun signe pour marquer la suppression de l'*e* : *décidément, uniment, indument,* etc.

☞ Nos dictionnaires ne suppriment pas l'*e* dans tous ces substantifs ; ainsi l'on trouve *maniement*, *ondoiement;* quelquefois ils donnent le même mot écrit des deux manières, avec ou sans *e*.

11° On met aussi l'accent circonflexe sur l'*e* pénultième de la finale *eme*. Écrivez donc avec ce signe :

Abstême, apostême, barême, blasphême, stratagême, emblême, etc.

Mais tous les adjectifs numéraux ordinaux font exception : *dixième, vingtième, centième, millième,* etc.

12° Enfin, l'accent circonflexe se place sur l'*o* de la finale *ome* :

Arôme, diplôme, chrôme, brôme, fantôme, symptôme, etc.

Mais il y a plusieurs mots exceptés ; d'abord tous ceux en *nome,* tels que : *agronome, monome, économe,* puis les suivants : *axiome, idiome, lithotome, majordome, tome.*

Outre les mots tombant sous l'application des règles précédentes, il en est bon nombre d'autres qui prennent l'accent circonflexe, mais comme ces derniers ne peuvent être assujettis à des règles, l'usage seul pourra les apprendre.

☞ Les étrangers qui savent le latin pourront trouver un grand secours dans cette connaissance pour l'emploi de l'accent circonflexe; car toutes les fois que le mot latin renferme un *s* supprimé dans le mot français, la voyelle précédente, dans notre langue, porte *toujours* cet accent. Ainsi, de *asinus* on a fait *âne;* de *presbyter*, *prêtre;* de *crispus*, *crêpe;* de *festuca*, *fêtu;* de *ostrea*, *huître;* de *augustus*, *août*, etc. — Cette règle s'applique aussi aux mots que nous avons tirés des autres langues : l'espagnol *alesna* a donné *alêne;* l'allemand *hester*, *hêtre;* le rec *éleémosynê*, *aumône*, etc.

§ II. — De l'Accent aigu et de l'Accent grave.

On se sert quelquefois de l'accent *grave* pour distinguer certains monosyllabes de leurs homophones. Ainsi, on le met sur les adverbes *là* et *où*, sur les prépositions *à* et *dès*, pour distinguer ces mots de *la*, article et pronom, de *ou*, conjonction, de *a*, verbe, et de *des*, contraction pour *de les*.

On emploie encore cet accent sur les mots *déjà*, *çà*, *holà*.

Mais, hors ces cas très-restreints, l'accent grave, comme l'accent aigu, ne se met que sur l'*e;* de sorte que la théorie de ces deux accents se renferme presque en entier dans l'accentuation de cette voyelle.

Accentuation de la voyelle *E*.

Cette voyelle peut être surmontée ou de l'accent circonflexe, ou de l'accent aigu, ou de l'accent grave, ou bien encore elle peut n'avoir aucun accent. Or, puisque j'ai déjà parlé des cas d'emploi de l'accent circonflexe, il ne me reste plus, pour avoir complètement traité de l'accentuation de *e*, qu'à répondre aux trois questions suivantes : Quand la voyelle *e* ne prend-elle pas d'accent? Quand veut-elle l'accent aigu? Quand veut-elle l'accent grave?

1° *Quand la voyelle* E *ne prend pas d'accent.*

Si leur oreille pouvait être un guide assez sûr, je dirais d'abord aux étrangers que *e* ne s'accentue *jamais* lorsqu'il est *muet;* mais, craignant qu'ils ne puissent pas toujours bien appliquer cette règle, je vais la compléter, en quelque sorte, par les suivantes, qui ont l'avantage d'être indépendantes de la prononciation.

1° On ne met pas d'accent sur la particule *re*, signifiant *de nouveau*, et employée en composition avec un mot qui commence par une consonne ou un *h* aspiré :

Refaire, reprendre, redire, redormir, reproduire, retourner, etc.

2° Dans les dérivés des mots terminés par *el* ou *et*, on ne met pas d'accent sur l'*e* qui précède *l* et *t*. Ainsi on écrit :

Caqueter, appeler, bonneterie, banqueter,

mots qui viennent de *caquet, appel, bonnet, banquet*.

3° Même règle pour l'*e* qui précède *r* final de l'infinitif au futur et au conditionnel des verbes de la première conjugaison :

Je *parlerai*, tu *sauteras*, il *marcherait*, vous *danseriez*, etc.

4° Quand cette voyelle est suivie de *ment*, finale de substantifs formés de verbes de la première conjugaison, on n'y met pas non plus d'accent :

Armement, abrégement, parlement, licenciement, etc.

5° Dans les finales *eraie, erie*, des mots de plusieurs syllabes, l'*e* qui précède la consonne *r* n'a jamais d'accent. Écrivez donc :

Épicerie, châtaigneraie, artillerie, fougeraie, sauvagerie, etc.

Mais ce qu'il est encore très-important de savoir, ce sont les circonstances où la voyelle *e*, quoique *n'étant pas muette*, ne doit cependant pas recevoir d'accent. Or, voici à ce sujet une règle des plus simples et qui n'a pas d'exception : on ne met *jamais d'accent* sur la voyelle *e* quand elle n'est pas la *dernière lettre* de sa syllabe. Écrivez donc :

Pres-cription, es-poir, per-dre, ser-viteur, men-tir, etc.,

puisque l'*e*, ainsi que le montre le trait horizontal, n'est pas la dernière lettre de la syllabe dont il fait partie.

NOTA. Comme la consonne *x* est une lettre double, mise tantôt pour *cs*, tantôt pour *gz*, il s'ensuit qu'on ne peut jamais accentuer un *e* qui précède *immédiatement* cette consonne, attendu que cette voyelle n'est *réellement* pas la dernière lettre de sa syllabe. On écrit *examen, exemption, Mexique, exercice*, etc., parce que, si l'on remplaçait *x* par son équivalent, on aurait : *eg-zamen, eg-zemption, Mec-sique*, etc.

La même règle s'applique aussi à *e* suivi d'une consonne redoublée ; car, dans ce cas, on peut *considérer* cette voyelle comme n'étant point à la fin de sa syllabe : *tel-lement, vedet-te, res-sentiment, red-dition, em-mener*, etc.

2° *Quand la voyelle* E *prend l'accent aigu.*

Cette voyelle prend l'accent aigu dans les cas suivants :

1° Toutes les fois que, n'étant pas *précédée* de *g*, elle est suivie de *a* ou de *o*, comme dans les mots :

Océan, aléatoire, alinéa, alvéole, apothéose, auréole, etc.

Le verbe s'*asseoir* et ses composés font exception ; l'*e* n'a aucun accent.

2° Sur l'initiale *re*, dans le cas où le mot simple, avec lequel elle entre en composition, commence par une voyelle ou un *h* muet.

Réélection, réhabiliter, réaction, réorganiser, réunir, etc.

Nota. On met aussi cet accent dans les mots suivants, bien qu'ils commencent par une consonne : *réconcilier, réconciliable, réchauffer, réchaud, réchauffement.*

3° Quand deux *e* viennent immédiatement l'un après l'autre, le *premier* a toujours l'accent aigu. On écrit donc :

Athée, bouchée, armée, allée, vallée, trouée, etc.

4° Lorsque *e* fait diphtongue avec la voyelle *i*, soit que celle-ci suive ou qu'elle précède. Vous écrirez donc :

Aciération, déification, piéton, déiste, etc.

Nota. Toutefois, si *e* n'était pas la dernière lettre de sa syllabe, comme dans les mots en *ier*, il faudrait se garder d'employer un accent, la règle donnée à ce sujet, page 9, n'ayant pas d'exception : *glacier, sacrifier, pâtissier, prier, menuisier*, etc.

5° Si, n'étant pas muette, elle est *seule* à la fin d'un mot, au singulier, la voyelle *e* prend encore l'accent aigu :

Bonté, rareté, coupé, amabilité, résiné, etc.

6° On met aussi un accent aigu sur *de*, particule placée devant un verbe simple, pour exprimer une action contraire. On écrit :

Défaire, délier, débourser, détendre, dégarnir, démettre, etc.

Nota. Lorsque le mot simple commence par *s*, il faut, pour conserver à cette dernière lettre le son *dur* qu'elle a au commencement du mot, la *redoubler* après l'adjonction de la particule *dé;* car sans cette précaution, *s* sonnerait comme *z* dans le nouveau mot. Mais alors l'*e* de la particule cessant d'être la dernière lettre de sa syllabe, ne peut plus recevoir d'accent. Voilà pourquoi on écrit : *des-souder*, *des-saisir*, *des-saler*, *des-seller*, etc.

7° On met encore l'accent aigu sur les initiales *irre, retro* et *pre*, signifiant *d'avance*, ainsi que sur *me*, signifiant *mal*. Vous écrirez donc :

Irréligieux, irréprochable, rétroactif, rétrospectif, prévoir, médisance, méprendre, etc.

Il n'y a qu'un mot qui fasse exception, c'est *irrecevable*, qui a deux *e* non accentués de suite.

8° Sur l'initiale *ne*, quand la voyelle *e* se trouve la dernière lettre de la syllabe. Il faut donc écrire :

Nécessaire, nébuleux, néfaste, négatif, néanmoins, etc.

9° Sur l'*e* qui suit le *m* dans la finale *metrie*, on met toujours un accent aigu. On écrit :

Géométrie, planimétrie, stéréométrie, hygrométrie, etc.

10° Le mot *allemand* excepté, on met un accent aigu sur l'initiale *alle*, toutes les fois que *e* n'est pas *suivi* d'une consonne et d'un *e* muet. Les mots que voici n'étant pas dans ce cas, vous les écrirez :

Allégation, alléger, alléguer, allégorie, alléluia, etc.

11° Enfin, l'accent aigu s'emploie sur *e* pour empêcher qu'on ne confonde certains mots composés des mêmes lettres, surtout ceux qui commencent par *re*.

Ainsi, il fait distinguer :

Récréer (distraire),	de	*Recréer* (créer de nouveau).
Réformer (améliorer),	—	*Reformer* (former de nouv.).
Répartir (distribuer),	—	*Repartir* (partir de nouv).
Répondre (faire une rép.),	—	*Repondre* (pondre de nouv.).
Aveuglément (adverbe),	—	*Aveuglement* (substantif).
Ténu (adjectif),	—	*Tenu* (p. passé du v. tenir).

3° *Quand la voyelle* E *doit prendre l'accent grave.*

Pour être en état de placer convenablement l'accent grave sur les *e*, il faut savoir ce qui suit :

1° Tous les noms singuliers en *es* qui font entendre l'*e* final, ont l'accent grave sur cet *e* :

Abcès, accès, agrès, procès, décès, succès, excès, cyprès, etc.

2° On met aussi cet accent sur *exprès, florès, après*, sur *ès*, vieux mot mis pour *dans les*, comme dans bachelier-*ès*-lettres, et sur *lès*, autre vieux mot signifiant *près de*, comme dans Passy-*lès*-Paris.

3° Toutes les fois que deux *e*, dont le second est *muet*, sont *séparés* par une, deux ou plusieurs consonnes, règle générale, on met un accent grave sur le *premier*. Ainsi l'on écrit :

Avènement, cèdre, bobèche, frère, centième prophète, etc.

Mais cette dernière règle a de nombreuses exceptions que je vais signaler.

Il y a un certain nombre de mots qui conservent, sans *aucun* accent, le *premier* des deux *e*. Ce sont :

1° D'abord les suivants, au nombre de dix-neuf :

Billevesée, bonneterie, buffleterie, breveter, chenevis, chevelu, chevelure, échevelé, derechef, devenir, genevrette, genetière, genevrier, gobeletier, marqueterie, paneterie, papeterie, parqueterie, pelleterie.

2° Ensuite, tous les composés de la particule *re* et d'un mot simple dont la première syllabe contient un *e* muet, tels que :

Redevenir, relever, remener, retenir, revenir, repeser, etc.

3° Enfin, tous ceux qui présentent deux *e* séparés par une consonne redoublée :

Tourelle, tablette, gemme, errement, garenne, etc.

Maintenant il y a d'autres cas où l'on met sur le premier *e* un *accent aigu* au lieu d'un accent grave, et voici quels ils sont :

1° Quand la consonne qui sépare les *e* est un *g*, comme dans :

Collége, il *abrége, abrégement, solfége, sacrilége,* etc.

NOTA. En vertu d'une analogie de consonnance, on met, dans la conjugaison interrogative, l'accent *aigu* sur l'*e* final de la première personne des verbes affirmatifs qui finissent par *e* muet : *aimé-je? chanté-je? parlé-je? cueillé-je?*

2° Lorsque le premier *e* appartient à la particule *de,* employée en composition. Écrivez donc :

Déçeler, détenir, démener, développer, etc.

3° Lorsque le premier des deux *e* forme à lui seul la *première* syllabe d'un mot de plus de *deux* syllabes. Écrivez pour cette raison :

Écheveau, échelon, élever, émeraude, émeri, épeler, éperon, etc.

4° Enfin, lorsqu'il s'agit de l'un des mots suivants :

Afféterie, crénelage, créneler, médecin, médeciner, sécheresse, sécherie.

§ 3. — DES MUTATIONS DE L'ACCENT.

Avant de terminer ce chapitre, il me reste à faire plusieurs remarques qui ne sont point à dédaigner par les étrangers désireux d'acquérir, avec la connaissance de l'orthographe, une juste prononciation de la langue française.

Ces remarques ont trait aux mutations de l'accent dans les mots de même famille.

On commettrait l'erreur la plus grossière si l'on s'imaginait que l'accentuation d'un *e* soit toujours la même dans un dérivé que dans son primitif. Ainsi :

1° Bien qu'en vertu d'une règle donnée précédemment, on doive écrire : *prospère, sévère, plèbe, adultère,* on met, dans les dérivés, un *accent aigu* là précisément où les primitifs ont l'accent grave :

Prospérité, sévérité, plébéien, adultérer, etc.

2° On rencontre des mots dérivés où l'*e* est surmonté d'un accent *aigu,* tandis qu'il est *sans accent* dans le primitif. Tels sont les suivants :

élévation,	primitif :	*élever.*
effréné,	—	*frein.*
rébellion,	—	*rebelle.*
irréligieux,	—	*religieux.*
se réfugier,	—	*refuge.*

3° Il y a d'autres dérivés, au contraire, qui ont un *e* muet, lorsque le primitif a un *accent* sur cette voyelle. Par exemple :

chevreau,	primitif :	*chèvre.*
fougeraie,	—	*fougère.*
genetière,	—	*genêt.*

4° Enfin d'autres dérivés encore se rencontrent, assez nombreux, où l'accent *aigu* a remplacé l'accent *circonflexe,* qui se trouve dans les primitifs. Voici des exemples :

blasphémer,	primitif :	*blasphême.*
prédication,	—	*prêcher.*
mélange,	—	*mêler.*
décarémer,	—	*carême.*
extrémité,	—	*extrême.*

Nota. Dans la conjugaison des verbes, toutefois, l'accent circonflexe est permanent; ainsi on écrit : je *mêle,* il *mêlera,* vous *mêliez,* qu'ils *mêlassent,* etc.

Mais ce n'est pas seulement l'accentuation de l'*e* qui est susceptible de changer ainsi ; il en est de même pour celle des voyelles *a* et *o* : dans une foule de cas, l'accent circonflexe des primitifs disparaît dans les dérivés. Ainsi, on écrit sans accent :

asine,	primitif :	*âne.*
introniser,	—	*trône.*
gracieux,	—	*grâce.*
infamie,	—	*infâme.*
compassion,	—	*pâtir.*
imposition,	—	*impôt.*

☞ Les voyelles qui, dans tous ces dérivés, ne portent plus d'accent circonflexe, doivent généralement avoir le son *aigu* (voir la prononciation des voyelles, page 9, première partie).

Section II. — Des autres Signes orthographiques.

Les autres signes orthographiques, l'*apostrophe,* la *cédille,* le *tréma* et le *trait d'union* vont faire l'objet des paragraphes suivants :

§ 1er. — De l'Apostrophe (').

Cette espèce de virgule s'emploie le plus souvent pour indiquer la suppression d'une voyelle *finale,* soit dans un mot à l'état libre, comme dans *l'honneur, l'enfant, l'armée,* soit dans un mot servant d'élément à un nom composé, comme dans *chef-d'œuvre, entr'acte, prud'homme.*

Les voyelles *a, e, i* sont les *seules,* en français, qui puissent ainsi s'élider et se remplacer par l'apostrophe; et encore, pour que cette suppression ait lieu, est-il indispensable que le mot suivant commence par une voyelle *non aspirée* ou par un *h* muet.

☞ Pour arriver à faire un usage convenable de l'apostrophe, il faut de toute nécessité que l'on sache les mots qui ont un *h* initial *aspiré.* Je prie donc les étrangers de vouloir bien les apprendre; ils les trouveront à la page 42 de la première partie de ce cours.

Voici les différents cas où il faut supprimer chacune des voyelles sujettes à l'élision :

A

Cette voyelle ne s'élide que dans le mot *la,* article ou pronom.

Ainsi, l'on dit et l'on écrit :

l'entrée,	au lieu de :	*la entrée.*
l'histoire,	—	*la histoire.*
vous l'avez vue,	—	*vous la avez vue.*

Mais, pour le pronom *la,* cette suppression ne peut jamais avoi lieu *après* un verbe à l'*impératif.* Il faut écrire :

Conduisez-*la à* Paris, amenez-*la avec* vous.

E

C'est, de toutes les voyelles finales sujettes à l'élision, celle qui la subit le plus souvent. Elle se remplace par l'apostrophe dans les cas suivants :

1° Quand il s'agit des pronoms *je, me, te, se, que, le,* et de la négative *ne.* Écrivez donc :

J'entre, il s'endort, qu'a-t-il? c'est bien, je l'ai appris, etc.

Mais il y a des exceptions; on ne pratique point l'élision :

(*a*) Quand le pronom *ce* n'est suivi ni de *être* ni de *avoir.* Il faut écrire :

Ce en quoi il vous imite, *ce* à quoi je m'applique.

(*b*) S'il s'agit du pronom *le,* mis *après* le verbe à l'*impératif,* ou encore des pronoms *je* et *ce,* dans la conjugaison interrogative. On dit et on écrit :

Amène-*le* ici, partirai-*je* avec lui? Est-*ce* à dire que...?

2° On écrit avec une apostrophe l'adjectif *grand,* suivi des substantifs *mère, tante, messe, croix, chambre, salle, pitié,* etc., employés au singulier ou au pluriel :

Il a visité sa *grand'mère,* il est *grand'croix* de l'ordre, aller à la *grand'messe,* avoir connu sa *grand'tante,* etc.

☞ L'emploi de l'apostrophe est ici une grave erreur dans notre orthographe; car, dans toutes ces expressions, l'adjectif *grand,* ainsi que l'a démontré l'érudition moderne, ayant toujours revêtu la forme *masculine, aucune* suppression d'*e* muet n'a pu avoir lieu, d'où il suit que, dans ce cas, l'apostrophe n'a pas de raison d'être.

3° Dans la préposition *entre* servant à former des *verbes* qui expriment la réciprocité; tels sont les suivants :

S'entr'accorder, s'entr'occuper, s'entr'accuser, s'entr'aimer, etc.

Nota. L'usage est partagé quand cette préposition est suivie des pronoms *elle, eux, autres.* Les uns écrivent *entr'elle, entr'eux, entr'autres,* tandis que les autres ne font jamais usage de l'apostrophe. — Devant ces mots, l'Académie ne supprime plus l'*e* de la préposition *entre.*

4° On élide l'*e* de *jusque* devant les mots *à, au, aux, ici.* Écrivez donc :

Jusqu'à Paris, *jusqu'au* Japon, *jusqu'aux* nues, *jusqu'ici, jusqu'aujourd'hui,* etc.

5° On supprime aussi l'*e* de *puisque* et de *quoique,* lorsque ces conjonctions sont suivies de *il, ils, elle, elles, un, une, on.* Ainsi on écrit :

Puisqu'il le veut, *quoiqu'un* homme ait dit, *quoiqu'on* parle, etc.

Nota. *Quoi que,* écrit en deux mots, suit la même règle d'élision que lorsqu'il est en un seul : *Quoi qu'on* en puisse dire, *quoi qu'*Alexandre ait fait, etc.

6° *Quelque* ne perd jamais son *e* final, si ce n'est devant *un, une,* au singulier, ainsi que dans l'expression *quel qu'il soit,* aux deux genres et aux deux nombres. Vous écrirez donc :

Quelqu'un est venu; quelles *qu'elles* soient, ces pièces seront refusées; *quelque* élégant *qu'il* soit, *quelque* historien que vous lisiez, etc.

7° L'*e* final de *presque* ne s'élide que dans *presqu'île;* dans tous les autres cas, il s'écrit en toutes lettres :

Il avait *presque* achevé, ils étaient *presque* arrivés, etc.

8° Dans les adverbes suivants, on ellipse aussi l'*e* de la préposition *de : aujourd'hui, d'abord, d'accord, d'ailleurs* et *d'ordinaire.*

I

Nous n'avons qu'un mot dans lequel cette voyelle puisse s'élider, c'est la conjonction *si*, quand elle est suivie du pronom *il* ou *ils*. On écrit :

S'il vient, *s'ils* partent, *s'il* entend, *s'ils* aiment, etc.

NOTA. Quelquefois on rencontre *si* précédé de *et*, ayant le sens de *cependant*, *néanmoins*. Dans ce cas, il n'y a jamais d'élision, parce que la prononciation exige que l'on fasse une pause après *si*. On dit et on écrit : Il est brave et vaillant, *et si* il est doux et affable. — Avec ce dernier sens, *et si* est d'un usage bien moins fréquent aujourd'hui ; on y substitue l'une des expressions équivalentes que je viens de citer.

§ 2. — DE LA CÉDILLE (¸).

Ce signe, qui n'est autre chose qu'un petit *c* renversé, se met sous la consonne *c* toutes les fois que cette lettre doit conserver le son *doux* (celui de *s*), quoique *immédiatement* suivie de l'une des voyelles *a*, *o*, *u*, devant lesquelles elle a toujours, comme on sait, le son dur.

Or, le son doux devant passer du primitif aux dérivés, on doit écrire ainsi les mots suivants :

Nous berçons,	qui vient de :	*bercer.*
il perçait,	—	*percer.*
une gerçure,	—	*gercer.*
un pinçon,	—	*pincer.*

Exception. L'adjectif *douceâtre* est le seul mot de notre langue où l'*e* muet fasse l'office de cédille.

Quand la consonne *c* est suivie d'une apostrophe (*c'*), il est *inutile* de mettre une cédille dessous, car l'apostrophe tient lieu de l'*e*, qui adoucit cette consonne.

Chacun a ses fantaisies, *c'a* toujours été la mienne.

(J.-J. ROUSSEAU.)

Mais il faut toujours la cédille dans *ça* (style familier), abréviation du pronom *cela*, ainsi que dans *çà*, adverbe et interjection :

Ça sera comme *ça* voudra, monsieur Gros-Jean ; mais *ça* sera pourtant comme *ça*.

(PIRON.)

Çà, déjeunons.

(LA FONTAINE.

§ 3. — Du Tréma (¨).

Lorsqu'une voyelle forme *ordinairement* une diphthongue oculaire avec celle qui la suit (comme *a, o, e* avec *i* et *u*, dans *ai, oi, ei, au, ou, eu*), et que l'on veut indiquer qu'il faut faire entendre *séparément* chacune des voyelles simples, on met, le plus souvent, sur la *seconde* voyelle, un double point que l'on nomme *tréma*.

Voici maintenant dans quels mots on fait usage de ce signe :

1° Dans tous ceux à la finale *oide*, signifiant *qui a la forme de*, comme :

Ovoïde, trapézoïde, ellipsoïde, rhomboïde, etc.

2° Dans les substantifs terminés par *gue*, et dans les adjectifs féminins de même terminaison, quand *u* doit se faire entendre :

Une *bésaiguë*, la *ciguë*, une pointe *aiguë*, la propriété *contiguë*, etc.

Nota. Dans la conjugaison du verbe ***arguer***, où l'*u* sonne également, quelques grammairiens, pour mieux peindre la prononciation, mettent aussi un tréma sur la voyelle suivante. Ils écrivent : ***J'arguë***, vous ***arguïez***, il ***arguërait***, que tu ***arguës***, etc.

3° Dans les mots terminés par *isme, iste*, quand ces finales suivent l'une des voyelles *a, o* :

Archaïsme, égoïsme, judaïsme, égoïste, mosaïste, etc.

☞ Que les étrangers veuillent bien ne pas oublier les deux remarques suivantes : 1° Un *y* ne pourrait jamais tenir lieu de *i* surmonté d'un tréma ; car le premier des *i* simples en lesquels il se décompose, ferait nécessairement diphthongue avec la voyelle ***précédente***, ce qui altèrerait le son de cette voyelle : voilà pourquoi on écrit ***baïonnette***, quoique ce mot soit dérivé de ***Bayonne***. — 2° Le tréma étant inutile sur *i* précédé de *é*, ainsi que sur *e* non muet précédé de *o*, il faut se garder d'en faire usage dans ce cas. Écrivez donc : ***déité***, ***théière***, ***poésie***, ***poète***, etc.

4° On met aussi le tréma sur l'*i* dans les mots suivants et dans leurs dérivés :

Païen, aïeul, haïr, héroïque, faïence, laïque, ouïr, naïf.

§ 4. — Du Trait d'union (-).

Ce signe s'emploie dans un certain nombre de cas qu'il importe de connaître et que voici pour la plupart :

1° Entre les parties constituantes des noms et des adjectifs composés, et entre celles des expressions prépositives et adverbiales qui n'ont de sens qu'autant que ces parties sont réunies en un seul mot :

Serre-tête, prie-Dieu, nouveau-né, hispano-français, un *laissez-passer, c'est-à-dire, vis-à-vis,* etc.

Nota. Les mots composés d'éléments grecs, comme *hyppodrome, lithographie, rhinocéros,* etc., n'ont jamais de trait d'union. Il en est de même des mots formés des prépositions *anté, anti* et *co,* ainsi que de plusieurs autres introduits dans la langue probablement avant l'invention du trait d'union, mots que l'usage seul pourra faire connaître.

2° Entre les *pronoms personnels* et le mot *même,* quand celui-ci les suit immédiatement. Ainsi, il faut écrire :

Moi-même, nous-mêmes, eux-mêmes, elles-mêmes, etc.

3° Quand on ajoute l'*article et* un *adjectif,* à un nom propre d'homme ou de ville, on fait usage de deux traits d'union :

Pépin-le-Bref, Louis-le-Grand, Gênes-la-Superbe, etc.

4° Lorsqu'un verbe est suivi d'un pronom *sujet,* ou qui représente le sujet, ce qui a lieu dans les interrogations, on joint le verbe au pronom par un trait d'union :

Viens-tu ? ma mère ne sort-elle pas ? faut-il qu'il vienne ?

5° Si un verbe à l'*impératif* est suivi d'un ou de deux pronoms *régimes,* on emploie un ou deux traits d'union. Ainsi, on écrit :

Rendez-lui son livre, *donnez-le-moi, adressez-la* à votre ami, *prêtez-leur-en,* etc.

Mais si un *infinitif* venait après cet impératif suivi d'*un* seul pronom, on ne mettrait aucun trait d'union ; et s'il y avait *deux* pronoms, le premier seul serait joint à l'impératif :

Va te promener, *allez y* puiser de l'eau, *faites-moi* lui parler.

☞ Lorsqu'il s'agit de la *seconde* personne singulière de l'impératif du verbe *s'en aller* (qui se prononce *vatan*), il faut écrire *va-t'en*, avec trait d'union et une apostrophe. Toute autre manière d'écrire serait une faute grossière.

6° Les particules démonstratives *ci* et *là* se lient toujours par un trait d'union aux *substantifs*, aux pronoms *démonstratifs*, et aussi aux prépositions, quand ces dernières *les suivent*. Écrivez donc :

Cet *homme-ci*, ce *cheval-là*, *celui-ci*, *ci-contre*, *là-dessous*, etc.

Ceci et *cela* sont les seuls démonstratifs de cette composition qui ne prennent pas le trait d'union.

7° On fait encore usage du trait d'union entre le mot *très* et l'adjectif ou l'adverbe qui le suit immédiatement. Écrivez :

Très-bien, *très-sage*, *très-mal*, *très-grandement*, etc..

Mais si *très* est suivi d'une *expression* adjective ou adverbiale, on ne fait pas usage de ce signe. On écrit :

Chapeau *très* à la mode, étoffe *très* en vogue, etc.

☞ Dans l'ancienne langue française, alors que le trait d'union n'était pas inventé, on écrivait toujours en un *seul* mot *très* et l'adjectif ou l'adverbe qui venait après lui. C'est sans doute pour perpétuer le souvenir de cette antique alliance que l'usage, à la faveur d'une exception, a consacré l'emploi du trait d'union entre cet adverbe et le mot qu'il modifie.

8° On emploie aussi le trait d'union dans les *noms de nombre* pour tenir lieu de la conjonction *et*. Pour cette raison, vous écrirez :

Dix-sept, *quarante-quatre*, *mil-huit cent-cinquante-neuf*, etc.

NOTA. On fait également usage du trait d'union dans *quatre-vingts*, et dans *Quinze-Vingts* (hôpital fondé par Louis IX pour trois cents aveugles), quoique la conjonction *et* n'y soit pas sous-entendue.

9° Quand *peut* est suivi de *être* pour former l'adverbe de doute, on met encore le trait d'union ; mais dans les autres cas, jamais. On écrit donc :

Il viendra *peut-être?* Oui, cela *peut être*.

10° On emploie encore le trait d'union *à la fin* d'une ligne dans laquelle un dernier mot ne peut être contenu *tout entier,* comme dans cette phrase :

> La plupart des fortunes de finance du dernier siècle *n'é-*
> *taient* pas assez honnêtes pour en faire gloire.
>
> (Duclos)

Dans ce cas, peut-être vaudrait-il mieux *doubler* ce trait, ou le répéter au commencement de la ligne suivante, afin de ne pas faire de confusion avec le trait d'union proprement dit, qui ne se met qu'entre les mots.

☞ Je dois prévenir ici, qu'en français, ce trait d'union ne peut être mis en un endroit quelconque du mot; il faut qu'*il divise celui-ci en syllabes*. Ainsi, supposons qu'on ait à écrire en fin de ligne l'adverbe *splendidement*, on ne pourra le faire que de trois manières :

splen-		*didement.*
splendi-	puis à la ligne :	*dement.*
splendide-		*ment.*

Voilà une règle que les étrangers ne doivent pas oublier, et que je recommande surtout aux Anglais, qui ont une tout autre pratique dans leur écriture.

11° Enfin on lie entre eux par un trait d'union *tous* les mots qui peuvent former le nom d'un département, d'une ville, d'un château, d'une rue, d'une église, etc. :

> Le département de *Seine-et-Oise,* la ville de *Saint-Jean-Pied-de-Port,* le château de *Plessis-lès-Tours,* la rue *Notre-Dame-des-Victoires*, l'église *Saint-Étienne-du-Mont,* etc.

CHAPITRE II.

DES SIGNES DE LA PONCTUATION.

Les signes de la ponctuation peuvent se diviser, en signes absolus et en signes relatifs. Les signes *absolus* sont ceux qui s'emploient sans considération des autres signes qui peuvent les précéder ou les suivre; les signes *relatifs,* au contraire, ont un emploi entièrement subordonné à la ponctuation déjà employée.

De là deux paragraphes dans ce chapitre.

§ 1er. — DES SIGNES ABSOLUS.

Ils sont au nombre de cinq : le *point simple,* le *point d'exclamation,* le *point d'interrogation,* les *points suspensifs* et le *deux-points.*

Point (.).

On l'emploie quand le sens est complet, c'est-à-dire quand ce qui suit n'a aucun rapport avec ce qui précède :

> Elle s'approchait de leurs lits; elle leur donnait quelques conseils et quelques remèdes. Elle puisait ses ordonnances dans Tissot ou dans Buchan, ces deux médecins populaires. Elle faisait de la médecine son étude assidue pour l'appliquer aux indigents. Elle avait des vrais médecins le génie instinctif, le coup d'œil prompt, la main heureuse. Nous l'aidions dans ses visites quotidiennes.
>
> (DE LAMARTINE.)

Point d'exclamation (!).

On fait usage de ce point dans les cas suivants :

1° Après les interjections simples ou répétées, comme dans :

> Oh! qu'il est cruel de n'espérer plus!
>
> (FÉNELON.)

> Oh! oh! les grands talents que votre esprit possède!
>
> (MOLIÈRE.)

Mais il y a exception pour l'interjection *ô,* qui ne prend jamais le point exclamatif *immédiatement* après elle :

O spectacle navrant ! Jean-Lapin devenu féroce et possédé, lui aussi, de la rage qui aveugle ce siècle !

(LANFREY.)

2° Après toute citation, toute phrase qui exprime un mouvement de l'âme, comme la surprise, la terreur, la tendresse, la pitié, etc. :

Grand bien vous fasse ! lui dis-je, et la porte se ferma.

(Ch. RICHARD.)

Quelle lettre ! quelle peinture de l'état où vous avez été ! et que je vous aurais mal tenu ma parole si je vous avais promis de n'être point effrayée d'un si grand péril !

(Mme DE SÉVIGNÉ.)

Quoi ! pour noyer les Grecs et leurs mille vaisseaux,
Mer, tu n'ouvriras pas des abîmes nouveaux !

(RACINE.)

3° Lorsque dans une phrase il y a une partie exclamative et une qui ne l'est pas, on met le signe *après* la partie exclamative, et seulement là, comme le montre l'exemple suivant :

Vous niez le progrès ! mais vous n'en avez pas le droit.

(Eug. PELLETAN.)

4° Quand plusieurs exclamations se *succèdent* avec *et,* on peut mettre le signe après *chaque* exclamation, ou seulement après la dernière. Ainsi cette phrase de Girard :

Que les sages sont en petit nombre ! et qu'il est rare d'en trouver !

pourrait recevoir une *virgule* (,) au lieu du point exclamatif qui suit *nombre.*

Point d'interrogation (?).

Nous faisons usage de ce signe :

1° Après toute proposition interrogative, qu'elle soit complète ou elliptique, qu'elle fasse partie du discours où elle se trouve ou qu'elle y soit seulement rapportée comme prononcée directement par une autre personne :

Quel bras vous suspendit, innombrables étoiles ?

(RACINE.)

Trouvez-vous toujours que ce Rhône ne soit que de l'eau ? De bonne foi, n'avez-vous point été effrayée d'une mort si proche et si inévitable ? Une autre fois ne serez-vous point un peu moins hasardeuse ? Une aventure comme celle-là ne vous fera-t-elle point voir les dangers aussi terribles qu'ils le sont ?

(Mme DE SÉVIGNÉ.)

Pline dit encore quelque part : Mais d'où vient à la pourpre le prix qu'on y attache ? A la teinture, son odeur est détestable.....

(F. DE SAULCY.)

Mais si l'interrogation n'est pas *directe*, il ne faut pas faire usage du point interrogatif ; on suit les règles ordinaires de la ponctuation :

Cependant Hégésype demanda en quel lieu de l'île demeurait Philoclès.

(FÉNELON.)

2° Dans les phrases qui contiennent deux parties interrogatives unies par *et*, on peut mettre le signe après chaque partie ou seulement après la dernière. Cependant il semble que le point d'interrogation à la fin de la phrase soit plus usité :

L'horloge du monde est-elle donc dérangée, et, tournant en sens inverse, a-t-elle ramené l'humanité à six siècles en arrière ?

(Eug. PELLETAN.)

3° Quand une phrase renferme une partie interrogative et une qui ne l'est pas, il faut, comme avec le point d'exclamation, employer le signe *seulement* après la partie où l'on interroge :

Si vous n'êtes pas malade, que diable ne le dites-vous ?

(MOLIÈRE.)

Points suspensifs (.....).

Cette ponctuation s'emploie dans les cas suivants :

1° Toutes les fois que l'on n'achève pas un discours ; que, dans le trouble de l'âme, on laisse échapper quelques phrases interrompues et sans suite; ou encore, si l'on veut, par une pause, ménager une surprise à quelqu'un :

Quand le tour de M. de Voltaire fut venu, « Messieurs, leur dit-il, il y avait une fois un fermier général..... Ma foi, j'ai oublié le reste. »

(GRIMM.)

J'aime..... A ce mot fatal, je tremble, je frissonne.
J'aime.....

(RACINE.)

J'ai vu..... sans mourir de douleur,
J'ai vu..... (siècles futurs, vous ne pourrez le croire!)
Ah! j'en frémis encor de dépit et d'horreur;
J'ai vu..... mon verre plein, et je n'ai pu le boire!

(SCARRON.)

2° Pour marquer une *longue* pause dans laquelle l'auteur laisse le lecteur livré à ses propres réflexions, on met quelquefois une, deux et même plusieurs lignes horizontales de points suspensifs, comme on le voit dans cet exemple :

Je glisse à travers ce dédale de bâtiments, comme la gondole vénitienne sous l'ombre des palais, et je débarque à l'Échelle des Morts, sous une avenue de cyprès. . . . .
. . . .
Voilà donc l'intérieur de ce séjour mystérieux, etc.

(DE LAMARTINE.)

3° Pour désigner une personne sans toutefois écrire entièrement son nom, on met un certain nombre de points après l'*initiale* suivie de plus ou moins d'autres lettres, selon le degré que l'on entend donner à cette révélation :

Le roi a commandé à M. de S.... de se défaire de sa charge, et tout de suite de sortir de Paris.

(Mme DE SÉVIGNÉ.)

Un convoi misérable traversa un jour Paris : c'était celui de Clot.... qui mourut pauvre et oubliée.

(N. ROQUEPLAN.)

☞ Quand il est indispensable pour l'intégrité d'une relation d'écrire un de ces mots bannis par la pudeur ou par les bienséances, on procède d'une manière analogue : on fait suivre l'initiale *d'autant* de points qu'il y a de lettres sous-entendues après elle. — A la faveur de cet euphémisme, qui les réduit à l'*appellation* d'une lettre, ces proscrits peuvent reparaître dans la conversation, et s'introduire même dans la poésie. En effet, Gresset a dit dans *Vert-Vert* :

Les B, les F voltigeaient sur son bec.

Deux-points (:).

Comme signe absolu, le deux-points s'emploie :

1° Après une proposition qui annonce une énumération, ainsi qu'après toute énumération suivie d'une proposition qui la résume, comme dans :

Il y a dans la nature de l'homme deux principes opposés : l'amour-propre qui nous rappelle à nous, et la bienveillance qui nous répand.

(DIDEROT.)

Du lait, du pain, des fruits, de l'herbe, une onde pure :
C'était de nos aïeux la saine nourriture.

(Cité par G. DUVIVIER.)

2° A la fin de toute phrase suivie d'un discours *direct* que l'on rapporte, soit qu'on le cite comme ayant été dit ou écrit, soit qu'on le propose comme pouvant être dit par un autre ou par soi-même :

Je dis à ma fille le lundi : jamais ceci n'ira à bon port jusqu'à dimanche.

(Mme DE SÉVIGNÉ.)

Déchirez ces drapeaux ; une autre voix vous crie :
« L'égoïsme et la haine ont seuls une patrie ;
« La fraternité n'en a pas. »

(DE LAMARTINE.)

3° A la fin d'une phrase suivie d'une autre qui l'éclaircit ou qui la développe ; avant une ou plusieurs réflexions sur un texte qui précède, ou encore avant une conséquence tirée de quelque raisonnement :

Il faut, autant qu'on peut, obliger tout le monde :
On a souvent besoin d'un plus petit que soi.

(LA FONTAINE.)

Depuis l'institution de la Caisse, les conversions étaient devenues pour beaucoup de gens un véritable commerce : on embrassait la profession de converti.

(LANFREY.)

C'est l'excès du désordre qui donne la première idée des lois : on les doit au besoin, souvent au crime, et non pas à la prévoyance.

(DUCLOS.)

§ 2. — DES SIGNES RELATIFS.

J'en compte trois, qui sont : la *virgule*, le *point-virgule*, et le *deux-points*.

Virgule (,).

C'est, parmi les signes relatifs, celui qui indique le moindre repos. Voici quand on l'emploie :

1° Pour séparer les parties *semblables* d'une même phrase, sujets, attributs, compléments, propositions incidentes :

Ni le reproche, ni la crainte, ni l'ambition ne troublent les instants d'un honnête homme en place.

(MARMONTEL.)

Des jeunes gens se dispersent dans le taillis, imitant le bramement des cerfs, le mugissement des buffles, le glapissement des renards.

(CHATEAUBRIAND.)

Un auteur qui est sensé, qui sait bien sa langue, qui médite bien son sujet, qui travaille à loisir, qui consulte ses amis, est presque sûr du succès.

(GIRAUT-DUVIVIER.)

NOTA. Lorsqu'il s'agit de *sujets*, comme dans le premier exemple, on ne met pas de virgule entre le *dernier* et le verbe.

2° Pour séparer plusieurs verbes se rapportant au même sujet, ou des propositions coordonnées de peu d'étendue.

Il alla dans cette caverne, trouva des instruments, abattit des peupliers, et mit en un seul jour un vaisseau en état de voguer.

(FÉNELON.)

Vous retrouvez le sens de l'Évangile, vous brisez la chaîne de l'esclavage, vous mettez le pied sur la hache du bourreau, vous en arrachez le manche, et vous le jetez si loin que nul n'a pu le retrouver.

(Eug. PELLETAN.)

3° Toujours *immédiatement* avant un pronom relatif séparé de son antécédent par un verbe, et avant le pronom *ce* employé comme pléonasme après un infinitif sujet :

Un loup survint à jeun, *qui* cherchait aventure,

(LA FONTAINE.)

Une fille en naquit, *que* sa mère a célée.

(RACINE.)

Prendre les choses comme elles sont, et les employer comme les circonstances le permettent, *c'est* la sagesse pratique de la vie.

(LACRETELLE.)

4° A la place d'un verbe *sous-entendu* avant un complément ou un attribut. Voilà pourquoi on met la virgule après *enfer* et *pardonner* dans ces vers :

L'amour est dans ses yeux, et l'enfer, dans son cœur.

(RACINE.)

Punir est un tourment, pardonner, un plaisir.

(CHÉNIER.)

5° On doit encore mettre une virgule *avant* chacun des mots qui se répètent dans une phrase, comme dans :

Autres sont les temps de Moïse, *autres* ceux de Josué et des Juges, *autres* ceux des Rois, *autres* ceux où le peuple a été tiré d'Égypte, *autres* ceux où il a conquis la terre promise, etc.

(BOSSUET.)

6° Toute apposition, ainsi que toute proposition incidente explicative, fût-elle exprimée par un participe présent, se met entre *deux* virgules :

Et qu'est-ce que la gloire, cette part sainte du génie, votre part à vous le premier, sinon une prise de possession de la durée ?

(Eug. PELLETAN.)

Les passions, qui sont les maladies de l'âme, ne viennent que de notre révolte contre la raison.

(D'OLIVET.)

Les animaux, vivant d'une manière plus conforme à la nature, doivent être sujets à moins de maux que nous.

(J.-J. ROUSSEAU.)

NOTA. Quant aux propositions incidentes *déterminatives* (qui ne peuvent se supprimer), on ne les écrit point entre deux virgules; seulement lorsqu'elles sont de quelque étendue, on *peut* mettre une virgule entre elles et le verbe principal, comme dans cette phrase de J.-J. Rousseau : « Le zèle et l'exactitude avec lesquels je me suis acquitté de l'emploi que S. Exc. m'avait confié, n'ont pas dû m'inspirer plus de défiance. »

7° On met encore entre *deux* virgules (à moins que ce ne soit en tête de la phrase, auquel cas on supprime la première) les mots employés en apostrophe, les propositions intercalaires, les compléments, les termes que l'on transpose pour répandre plus de clarté dans le discours :

Je crains Dieu, cher Abner, et n'ai point d'autre crainte.

(RACINE.)

C'est le dix-huitième siècle, s'écrie-t-on, qui est le siècle penseur par excellence.

(CHATEAUBRIAND.)

Paix aux hommes de bonne volonté, a dit l'Écriture; paix aux hommes de bonne foi, ajoute l'esprit moderne.

(Ch. RICHARD.)

Loin des personnes qui nous sont chères, toute demeure est un désert, et tout espace est un vide.

(Mme DE STAEL.)

NOTA. Les signes absolus l'emportent sur les signes relatifs; ainsi, quand une interjection se trouve avant un nom mis en apostrophe, le point *exclamatif* prend la place de la seconde virgule, comme dans cette phrase de Lanfrey : « En attendant que le libre avenir fasse entendre sa voix, prête l'oreille, ô lecteur ! à celle du passé. »

Point-Virgule (;).

Voici dans quels cas on fait usage de ce signe, qui indique un repos plus long que celui de la virgule :

1° Pour séparer des *phrases* à sens complet, déjà divisées par des virgules et dont l'ensemble est nécessaire au sens total :

Partout où le soleil brille, il mûrit une moisson; partout où le fleuve murmure, il emporte l'image d'une ville dans son courant; partout où la mer roule, elle berce dans sa houle la caravane flottante d'un continent en marche vers un autre continent.

(Eug. PELLETAN.)

2° Pour séparer les *membres* d'une période dans laquelle on fait, en quelque endroit, usage de la virgule :

Si la licence fut réprimée; si les haines particulières et publiques furent assoupies; si les lois reprirent leur ancienne vigueur; si l'ordre et le repos furent rétablis dans les villes et dans les provinces; si les membres furent heureusement réunis avec leur chef, c'est à lui, France, que tu le dois.

(FLÉCHIER.)

3° Pour séparer plusieurs *propositions incidentes* subdivisées par des virgules et s'accumulant sur un même antécédent :

Politesse noble, qui sait approuver sans fadeur, louer sans jalousie, railler sans aigreur; qui saisit les ridicules avec plus de gaîté que de malice; qui jette de l'agrément sur les choses les plus sérieuses, soit par le sel de l'ironie, soit par la finesse de l'expression; qui passe, etc.

(GIRAUT-DUVIVIER.)

4° Pour séparer une suite de *compléments* qui sont relatifs à des objets différents, comme dans cette phrase :

Du génie pour les sciences, du goût pour la littérature, du talent pour écrire; de l'ardeur pour entreprendre, du courage pour exécuter, de la constance pour achever; de l'amitié pour vos rivaux, du zèle pour vos amis, de l'enthousiasme pour l'humanité : voilà ce que vous reconnaît un ancien ami, un collègue de trente ans.

(BUFFON.)

Deux-Points (:).

On emploie le deux-points comme signe relatif, lorsque, après avoir divisé une phrase par des virgules et des points-virgules, on a besoin de marquer une pause *intermédiaire* entre le point-virgule et le point. L'exemple suivant fera sentir l'utilité de cette ponctuation :

> Les arbres harmoniaient ensemble leurs formes; les uns se déployaient en éventail, d'autres s'élevaient en cônes, d'autres s'arrondissaient en boules, d'autres étaient traités en pyramides : mais il faut se contenter de ce spectacle sans chercher à le décrire.
>
> (Chateaubriand.)

Voilà quelles sont les règles générales pour la ponctuation de notre langue. Mais avant de terminer ce chapitre, je dois dire à mes lecteurs qu'elles ne sont pas *tellement* bien établies encore, surtout celles des signes relatifs, qu'on ne puisse, dans beaucoup de cas, les enfreindre sans commettre une faute.

Ainsi, par exemple, on pourrait mettre une virgule après *flots* dans ces vers de Racine, quoique l'auteur ne l'ait pas fait :

> Celui qui met un frein à la fureur des flots
> Sait aussi des méchants arrêter les complots.

On peut aussi, quand une interjection se répète une, deux ou plusieurs fois, ne mettre le point exclamatif qu'*après* la dernière, et une virgule après les précédentes, comme dans :

> Oh, oh! ma fille, on nous fait des affaires
> Qui font dresser les cheveux aux beaux-pères.
>
> (Voltaire.)

> Haïe, haïe! ceci ne vaut pas le diable.
>
> (Dancourt.)

Toutefois, il faut bien se garder, en prenant des licences de cette sorte, de le faire sur des phrases susceptibles, comme celles citées page 82, première partie, d'avoir un sens *différent*, selon l'endroit où elles se ponctuent.

CHAPITRE III.

DES SIGNES POUR LE PERFECTIONNEMENT DE L'ÉCRITURE.

Indépendamment des signes dont il a été question jusqu'ici, la langue française en possède encore d'autres qui semblent plus spécialement destinés à l'embellissement et au perfectionnement du discours écrit.

Ils sont au nombre de quatre : la *parenthèse,* les *guillemets,* le *trait de séparation* et les *majuscules.*

De là les paragraphes suivants :

§ 1er. — De la Parenthèse ( ).

Ce signe est employé pour renfermer, le plus souvent sans aucune liaison grammaticale, une espèce de note que l'on intercale au milieu d'une phrase, pour expliquer un terme qui pourrait rester obscur sans cette précaution :

Les causes alléguées (quelques dettes, une affaire d'honneur) étaient tout-à-fait disproportionnées au châtiment.

(Sainte-Beuve.)

En nous initiant à son projet (c'est Jérôme qui continue à parler), l'ami Saint-Ernest en avait un peu exagéré l'importance.

(Louis Reybaud.)

Nota. Quand ce qui est renfermé par les parenthèses constitue une interrogation ou une exclamation, on y met le point interrogatif ou le point exclamatif, comme dans cette phrase de M. de Lamartine : « Cela fait (et tout ne doit-il pas commencer et finir par cela ?), je m'assieds près de la vieille table de chêne où mon père et mon grand-père se sont assis. »

Les auteurs modernes emploient souvent la parenthèse à lignes horizontales, dont voici quelques exemples :

Le jeune Boucher — qu'on se garde bien de le croire — n'était pas aussi poétique que Plutarque.

(Léon Gozlan.)

L'homme le plus grand après tout — vous vous reconnaîtrez peut-être au signalement — est l'homme qui, injurié ou applaudi, compris ou méconnu, agit le plus à long terme.

(Eug. PELLETAN.)

Il est aussi d'usage d'enfermer dans une parenthèse le nom d'un auteur mis au bas d'une citation que l'on emprunte à l'un de ses ouvrages.

☞ Je dirai en passant aux étrangers qu'ils doivent se garder, en écrivant la langue française, de *multiplier* les parenthèses; car, quelque forme qu'on leur donne, elles rendent le style lâche et traînant.

§ 2. — DES GUILLEMETS (« »).

On fait usage des guillemets (mouillez les *ll*) quand on rapporte un discours *direct,* réel ou fictif.

Ils se placent ordinairement *avant* le premier mot, au commencement de chaque nouvelle ligne, et *après* le signe *de ponctuation* qui suit le dernier mot cité :

Les tambours obéirent machinalement. « Peuple ! » dit Louis XVI d'une voix qui retentit dans le silence et qui fut entendue distinctement de l'autre côté de la place, « peuple ! je meurs innocent de tous « les crimes qu'on m'impute ! Je pardonne aux auteurs de ma mort, « et je prie Dieu que le sang que vous allez répandre ne retombe « jamais sur la France ! . . . » Il allait continuer, un frémissement parcourait la foule, etc.

(DE LAMARTINE.)

Le but des guillemets étant de faire distinguer ce que l'auteur *cite* d'avec ce qu'il *dit lui-même,* il est évident que ces signes deviennent inutiles si la citation est en vers au milieu d'un morceau de prose :

Quoique la science ne nous donne point le talent de la parole, cependant celui qui sait bien ce qu'il veut dire, a beaucoup de chances de bien dire, surtout s'il le connaît nettement.

Ce qui se conçoit bien s'énonce clairement,
Et les mots pour le dire arrivent aisément.

C'est donc une excellente préparation à l'étude de la parole que l'étude persévérante, etc.

(L'abbé BAUTAIN.)

Mais si, au milieu d'une pièce de vers, on faisait une citation aussi *en vers*, les guillemets redeviendraient indispensables, comme dans l'exemple suivant :

Tout-à-coup des accents inconnus à la terre
Du rivage charmé frappèrent les échos !
Le flot fut attentif, et la voix qui m'est chère
Laissa tomber ces mots :
« O temps ! suspends ton vol ! et vous, heures propices,
« Suspendez votre cours !
« Laissez-nous savourer les rapides délices
« Des plus beaux de nos jours.
« Assez de malheureux ici-bas vous implorent.
« Coulez, coulez pour eux !
« Prenez avec leurs jours les soins qui les dévorent ;
« Oubliez les heureux. »
Temps jaloux, se peut-il que ces moments d'ivresse
Où la vie à longs flots vous verse le bonheur,
S'envolent loin de nous, de la même vitesse
Que les jours de malheur ?

(De Lamartine.)

Quand une citation ne consiste qu'en *quelques mots*, on les souligne souvent dans l'écriture à la main, et, dans l'impression, on les met en *italiques* ou en caractères plus saillants encore.

Il peut arriver que l'on ait à citer un discours qui renferme lui-même une citation; cela se voit tous les jours dans les feuilles périodiques. Dans ce cas, on met les guillemets seulement *au commencement* et *à la fin* de tout alinéa cité qui ne renferme pas une citation, et des guillemets au *commencement de chaque ligne* de la citation faite dans le texte que l'on rapporte. Voici un exemple emprunté au journal *la Presse* :

On lit dans *l'Indépendance belge* :

« Notre correspondant de Paris nous fait parvenir une lettre dont nous détachons le paragraphe suivant :

« Quant à la question du percement de l'isthme de Suez, nous
« croyons savoir de bonne source que, malgré tous ses efforts, lord
« de Redcliff ne parviendra pas à empêcher la Porte d'accorder le
« firman que l'on attend d'elle, etc. »

§ 3. — Du Trait de séparation (—).

Matériellement, ce n'est pas autre chose qu'un long trait d'union. Il s'emploie dans les cas suivants :

1° Pour éviter, aussi bien en vers qu'en prose, la répétition de *dit-il, répondit-il,* et donner ainsi plus de vivacité au dialogue :

Qui êtes-vous? demanda saint Pierre à l'une d'elles. — Religieuse. — Vous avez le temps d'attendre; une foule de vos sœurs sont déjà dans le paradis. — Et vous? demanda saint Pierre à saint Yves. — Avocat. — Il n'y en a point encore; vous êtes admis.

(B. Warée.)

Regardez bien, ma sœur,
Est-ce assez? dites-moi; n'y suis-je point encore?
— Nenni. — M'y voici donc? — Point du tout. — M'y voilà?
— Vous n'en approchez point.

(La Fontaine.)

2° Pour indiquer les changements de matière, lorsque les alinéa devraient être très-courts et très-fréquents, ce qui a lieu surtout dans un sommaire en tête d'un chapitre :

Introduction; autorité toute-puissante des compagnons de Mahomet. — Successeurs de Mahomet. — Abou-Bèkre, Omar et Othman. — Ali; sa rivalité avec Mohaviah (656—661).

(L. A. Sédillot.)

Nota. Cette citation fait voir qu'on emploie aussi le trait de séparation entre deux dates pour indiquer le temps qu'elles comprennent.

3° Il n'est pas rare de rencontrer dans nos livres modernes ce même trait après une virgule, un point-virgule, etc. C'est alors un moyen de mieux mettre en évidence les mots qui doivent suivre :

Le secret du style, de la philosophie et de l'art, cher monsieur, le voici : — faire peu de travail au prix de beaucoup de peine.

(Philarète Chasles.)

Que dirai-je donc pour excuser, pour justifier les trois accusés que la nature et le malheur ont si étroitement unis? — La vérité.

(L'avocat Gerbier.)

§ 4. — Des Majuscules.

Employées avec intelligence, les majuscules ou grandes lettres, fournissent des repos à l'œil, en même temps qu'elles répandent plus de clarté dans le discours écrit. Considérées sous ce dernier point de vue, elles devaient trouver place parmi les signes inventés pour donner plus de perfection à notre écriture.

Voici dans quels cas nous faisons ordinairement usage des majuscules :

1° Au premier mot d'un discours quelconque et de toute proposition nouvelle venant après un point qui indique une fin de sens :

> *Un* membre du concile fut trouvé assassiné dans sa baignoire. *Quel* était le meurtrier? *Ce* ne pouvait être qu'un partisan de la secte des accroupis.
>
> (Léon Gozlan.)

2° Aux noms propres d'hommes, de femmes, d'anges, de fausses divinités, d'animaux fabuleux ou historiques, de contrées, de peuples, de planètes, de vaisseaux, etc.

> *Alexandre, Cléopâtre, Michel, Pan, Bucéphale, les États-Unis, les Français, Saturne,* le Tonnant, etc.

☞ Les étrangers, et surtout les Anglais et les Américains, devront bien faire attention à l'observation que voici : quoique, en français, on mette une majuscule aux noms propres, il n'est pas d'usage d'employer une telle lettre pour les adjectifs formés de ces noms. Ainsi, il faut écrire avec des minuscules : *un vers alexandrin, le navire espagnol, l'histoire romaine, la langue russe,* etc.

3° Quand on cite un discours direct, on le commence par une grande lettre, comme dans cette phrase :

> C'est en vain que toutes les puissances lui ont dit : *Tu* n'iras pas plus loin; ni les anathêmes, ni les tortures n'ont pu l'arrêter un instant.
>
> (Ch. Richard.)

4° On met une majuscule aux noms *Dieu, Seigneur, Ciel, Créateur,* etc., par lesquels on désigne l'Être-Suprême :

Mais avais-je demandé la vie au *Seigneur*? Pourquoi me l'a-t-il donnée, s'il doit me punir du don qu'il m'a fait lui-même?

(Eug. PELLETAN.)

Quand nous faisons le bien, le *Ciel* augmente notre bonheur.

(BARTHÉLEMY.)

Orchestre du *Très-Haut*, bardes de ses louanges,
Ils chantent à l'été des notes de bonheur.

(DE LAMARTINE.)

Mais, dans tous les autres cas, on met à ces mots une minuscule. En conséquence, il faut écrire avec Bossuet :

Tout était *dieu* en Égypte, excepté *Dieu* lui-même.

5° Aux noms de sciences, d'arts, de métiers, s'ils sont pris dans un sens *individuel* qui distingue la science, l'art de toute autre science, de tout autre art :

La *Menuiserie* emprunte du secours de la *Géométrie* et du *Dessin* pour fournir des embellissements à l'*Architecture*.

(BEAUZÉE.)

Mais lorsque ces mêmes mots sont présentés comme sujets avec des compléments ou des *qualificatifs*, ils ne prennent pas de majuscule :

La *menuiserie* du buffet d'orgues de l'église Saint-Denis est travaillée bien délicatement.

(BEAUZÉE.)

Notre *orthographe* actuelle est loin de l'*orthographe* ancienne.

(*Id.*)

6° Tout nom abstrait *personnifié* s'écrit par une majuscule, comme on le voit dans les citations suivantes :

Jadis, trop caressé des mains de la *Mollesse*,
Le *Plaisir* s'endormit au sein de la *Paresse*.

(VOLTAIRE.)

Là, rarement la *Raison*, la *Justice*,
Ont amené les mortels vertueux;
L'*Opinion*, la *Mode* et le *Caprice*
Ouvrent le temple et nomment les heureux.

(GRESSET.)

7° On écrit aussi par une majuscule les noms de tribunaux, de compagnies, de corps, de partis politiques, de religions, quand ils sont employés sans complément :

L'*Académie* a été établie pour connaître principalement de l'ornement, de l'embellissement et de l'augmentation de la langue française.

(GIRAUT-DUVIVIER.)

La France entière, lasse des agitations de la *Fronde*, se précipita au-devant du roi qui lui apportait l'unité.

(LANFREY.)

Le fondateur du *Christianisme* avait dit que son royaume n'était pas de ce monde.

(Ad. GUÉROULT.)

8° Tous les mots, adjectifs ou substantifs, tels que *grand*, *conquérant*, *bref*, etc., qui se joignent à des noms propres comme déterminatifs, prennent aussi une grande lettre. Ainsi on écrit :

Louis-le-*Grand*, Guillaume-le-*Conquérant*, Pierre-le-*Vénérable*, Jean-*Sans-Terre*, etc.

☞ Quand le mot *saint* précède un nom propre, il prend aussi la majuscule, s'il s'agit d'une ville, d'une rue, d'une église : *Il demeure rue Saint-Antoine, près de l'église Saint-Paul ;* mais lorsque ce mot, conjointement avec le nom suivant, désigne le personnage qui, par ses vertus, a mérité d'être canonisé, il veut toujours avoir une minuscule et n'être pas suivi du trait d'union : *On raconte que saint Yves, interrogé par saint Pierre*, etc.

9° Aux noms des titres *empereur*, *roi*, *prince*, etc., on met aussi la majuscule quand ils sont pris dans un sens particulier. Ainsi on doit écrire :

L'*Empereur* et l'*Impératrice* sont revenus de Compiègne. Savez-vous si le *Prince* habite actuellement Paris ? etc.

Mais, accompagnés d'un qualificatif, d'un article indéfini ou d'un complément déterminatif, ces noms veulent une minuscule :

L'histoire des plus grands *princes* est souvent le récit des fautes des hommes.

(VOLTAIRE.)

Rome a été successivement régie par des *rois*, des *consuls*, des *empereurs*, puis par des *ducs*, et enfin par des *papes*.

(Diction. de BOUILLET.)

10° La première lettre de tout nom propre employé par *antonomase*, et de tout nom commun mis en *apostrophe*, doit être aussi une majuscule :

Oh ! combien de *Césars* deviendront *Laridons* !

(La Fontaine.)

Grand *Roi*, cesse de vaincre ou je cesse d'écrire.

(Boileau.)

11° On met toujours une majuscule aux titres des livres, des pièces de théâtre, aux désignations des *actions* ou des effets publics :

Toujours sur sa toilette est la *Sainte-Écriture*,
Et le *Petit-Carême* est surtout sa lecture.

(Voltaire.)

Dans ce sac ridicule où Scapin s'enveloppe,
Je ne reconnais plus l'auteur du *Misanthrope*.

(Boileau.)

J'ai fait acheter par mon agent de change quatre *Rive-Droite*, autant de *Rive-Gauche* et cinq *Nord*.

(Lévi Alvarès.)

12° Enfin, on met encore une majuscule au *commencement* de tout vers, grand ou petit, pour distinguer la forme poétique de celle de la prose. En voici un exemple :

Paris est un séjour charmant
Où promptement
L'on s'avance.
Là, par un manége secret,
Le gain qu'on fait
Est immense ;
On y voit des commis
Mis
Comme des princes,
Après être venus
Nus
De leurs provinces.

(Panard.)

LIVRE SECOND.

DE L'ORTHOGRAPHE DES MOTS.

L'orthographe des mots serait chose facile, si les sons identiques se représentaient toujours par les mêmes lettres. Mais il n'en est point ainsi en français : il règne un désaccord fréquent entre le mot *parlé* et le mot *écrit,* et ce désaccord constitue, sans contredit, une des plus grandes difficultés de notre langue.

Pour être complète, l'étude de l'orthographe des mots doit embrasser l'écriture des mots tels qu'ils se présentent au dictionnaire, puis l'écriture des désinences pour ceux qui sont variables.

De là les deux chapitres suivants.

CHAPITRE PREMIER.

DE L'ORTHOGRAPHE DU DICTIONNAIRE.

Les étrangers à l'intention desquels je compose ce travail, ayant dû apprendre beaucoup par les yeux, savent sans doute déjà l'écriture d'une foule de mots. Mais les remarques qu'ils ont pu faire à ce sujet ont probablement été isolées et non rattachées, comme il convient que cela soit, aux principes généraux qui constituent la science de l'orthographe.

Or, ce sont ces principes que je me propose de leur exposer, pour la plupart, dans ce chapitre.

Je parlerai d'abord des initiales, ensuite des finales, puis je donnerai des règles orthographiques diverses; plus loin, j'étudierai les homophones, et enfin je terminerai par les abréviations en usage dans la langue française.

☞ Les étrangers qui liront les règles suivantes se demanderont, sans doute, pour quelle raison l'articulation de *t* s'y trouve si souvent représentée par *th*, celle de *k* par *ch*, celle de *f* par *ph*; pourquoi le son *i* est figuré par *y*, celui de *é* par *hé*. Cela tient à ce que ces mots nous viennent du grec. Il est d'usage, en effet, quand un mot de cette langue passe dans la nôtre, de traduire par *th*, *ch* et *ph* les consonnes θ, χ et φ, qui peuvent s'y rencontrer ; par *y* la voyelle υ (upsilon), et par *hé* les initiales η, ε, αι, quand elles portent la petite marque d'aspiration appelée *esprit rude*. — Si l'on trouve *h* après *r*, comme dans *rhéteur*, *rhinocéros*, *rhombe*, etc., c'est parce que ces mots ont aussi l'esprit rude sur le ρ (rho) dans cette même langue.

§ 1er. — Règles pour les initiales.

Je répartirai ces règles sous deux chefs : règles sans exceptions, et règles avec exceptions, et je les rangerai selon l'ordre alphabétique des initiales représentées toujours, *entre crochets*, par l'écriture la plus *simple* pour en exprimer les sons.

Règles sans exceptions.

1° L'initiale [*antropo*], qui signifie *homme*, s'écrit *anthropo*; exemple :

Anthropographie, anthropologie, anthropophagie, etc.

2° Les initiales [*bace, bice, boce*], s'écrivent toujours *bas, bis, bos* :

Bisbille, bistouri, bassin, bosquet, bosseler, etc.

3° Les initiales [*couadra, couadri, couadru*], qui signifient *quatre*, s'écrivent toutes par *qua* :

Quadrature, quadrilatère, quadruple, quadrumane, etc.

4° L'initiale [*cor*] s'écrit par *chor*, dans les mots où elle signifie *chœur* :

Choral, chorégraphie, choriste, chorus, etc.

5° Les initiales [*criza, crizo*], dans tous les mots rappelant l'idée de l'*or*, s'écrivent *chrysa, chryso* :

Chrysalide, chrysocale, chrysographe, chrysolithe, etc.

6° Les initiales [*croni, crono*], qui signifient *temps*, s'écrivent *chroni, chrono :*

Chronique, chronologie, chronomètre, chronologiste, etc.

7° Les initiales [*diçan, diço, diçou, diçu*] s'écrivent toujours *diss :*

Dissension, dissonance, dissoudre, dissuader, etc.

8° Les initiales [*éki, ékui*], qui veulent dire *égal*, s'écrivent *équi :*

Équiangle, équilatéral, équilibre, équinoxe, équipollence, etc.

9° Les initiales [*élia, élio*], qui signifient *soleil*, s'écrivent *hélia, hélio :*

Héliaque, héliomètre, héliotrope, etc.

10° Les initiales [*émo, éma*], dans les mots relatifs au *sang*, s'écrivent toujours *héma, hémo :*

Hémalopie, hématose, hémorragie, hémostatique, etc.

11° L'initiale [*epta*], qui veut dire *sept*, s'écrit *hept :*

Heptagone, heptaméron, heptaphylle, heptarchie, etc.

12° L'initiale [*étéro*], qui signifie *autre, différent*, s'écrit *hétéro :*

hétérodoxe, hétérogène, hétéroclite. etc.

13° L'initiale [*euf*] s'écrit toujours par *euph*, comme dans :

Euphémisme, euphonie, euphorbe, etc.

14° L'initiale [*farma*] s'écrit toujours *pharma*, dans les mots concernant la *médecine :*

Pharmacie, pharmacopée, pharmaceutique, etc.

15° Les initiales [*fil, fila, filo*], quand elles signifient *ami*, s'écrivent *phil :*

Philanthrope, philharmonique, philologie, philosophie, etc.

16° Les initiales [*fizi, fizio, fito*], dans les mots relatifs à l'étude de la *nature*, s'écrivent *physi, physio, phyto :*

Physique, physiologie, phytolithe, phytologie, etc.

17° L'initiale [*ictio*], qui signifie *poisson*, s'écrit par *ichtyo* :

Ichtyophage, *ichtyologie*, *ichtyolithe*, *ichtyocolle*, etc.

Nota. En dépit de l'étymologie, qui voudrait ici *t* entre deux *h*, à cause du χ et du θ qui se trouvent dans le mot grec ιχθυς, nous supprimons le *second h.*

18° Les initiales [*idra, idro, igro*], qui signifient *eau, humidité,* s'écrivent toujours par *hy* :

Hydrate, *hydrocéphale*, *hydrographie*, *hygrométrie*, etc.

19° L'initiale [*ipo*], lorsqu'elle signifie *cheval*, s'écrit *hippo* :

Hippodrome, *hippopotame*, *hippogriffe*, *Hippolyte*, etc.

Mais quand elle veut dire *sous*, ce qui a lieu dans beaucoup de termes scientifiques, elle s'écrit *hypo*, exemple :

Hypogée, *hypoglotte*, *hypoténuse*, *hypothèse*, etc.

20° L'initiale [*lito*], signifiant *pierre*, s'écrit *litho*, comme dans :

Lithographie, *lithomancie*, *lithotomie*, *lithotritie*, etc.

21° L'initiale [*miria*], signifiant *dix mille*, s'écrit toujours *myria*:

Myriapode, *myriamètre*, *myriade*, etc.

22° Les initiales [*misté, misti*], dans les noms relatifs aux choses *cachées*, s'écrivent toujours par *myst* :

Mystère, *mystique*, *mystifier*, *mysticisme*, etc.

23° L'initiale [*oftal*], dans les mots qui se disent des *yeux*, s'écrit *ophthal* :

Ophthalgie, *ophthalmie*, *ophthalmographie*, etc.

Nota. Le dictionnaire de Boiste supprime le second *h*, comme on le fait à l'initiale *ichtyo*, règle 17. Mais *ophth*, qui est l'orthographe de l'Académie, est plus conforme à l'étymologie, puisque οφθαλμος présente un φ et un θ à la suite l'un de l'autre.

24° Les initiales [*omo, oméo*], signifiant *semblable*, s'écrivent *homo*, *homœo* :

Homologue, *homonyme*, *homœopathie*, etc.

25° L'initiale [*ornito*], qui signifie *oiseau,* s'écrit *ornitho :*

Ornithologie, ornitholithes, ornithopodes, etc.

26° L'initiale [*ôto*] s'écrit toujours *auto,* comme dans :

Autochthone, autoclave, autocratie, automate, etc.

27° L'initiale [*pinta*], signifiant *cinq,* s'écrit toujours *penta :*

Pentagone, Pentateuque, pentapole, pentaphylle, etc.

28° L'initiale [*piro*], dans les mots qui se rapportent au *feu,* s'écrit toujours *pyr :*

Pyromètre, pyrotechnie, pyrauste, pyroscaphe, etc.

29° L'initiale [*poli*], signifiant *plusieurs,* s'écrit *poly :*

Polytechnique, polyglotte, polyèdre, polypétale, etc.

30° L'initiale [*saca*], si elle exprime l'idée de *sucre,* s'écrit *saccha :*

Saccharifère, saccharin, saccharure, saccharoïde, etc.

31° L'initiale [*séfal*], lorsqu'elle signifie *tête,* s'écrit *céphal :*

Céphalalgie, céphalique, céphalopodes, céphalomètre, etc.

32° L'initiale [*ter*], dans les mots relatif à la *chaleur,* s'écrit *ther :*

Thermomètre, thermal; thermidor, thermoscope, etc.

33° L'initiale [*téo*], qui signifie le plus souvent *dieu,* s'écrit toujours *théo :*

Théologie, théorème, théorie, théologal, théophilanthrope, etc.

Règles avec exceptions.

1° L'initiale [*abi*] s'écrit généralement par *ha,* comme dans :

Habiter, habitude, habiller, habileté, etc.

Exception pour *abigeat, abîme* et *abîmer.*

2° L'initiale [*anfi*] s'écrit généralement *amphi :*

Amphithéâtre, amphibologie, amphigouri, Amphitryon, etc.

Exception pour *emphytéose,* le verbe *enfiler,* et leurs composés.

3° L'initiale (*crist*) s'écrit le plus ordinairement par *crist :*

Cristallin, cristal, cristallographie, cristallotechnie, etc.

Le mot *christianisme* et ses dérivés font exception.

4° L'initiale [*eg-ze*], suivie d'une voyelle, s'écrit généralement *ex* non suivi de *h* :

Exercice, examen, exemption, exarque, exiler, etc.

Il y a exception pour les *six* suivants : *exhaler, exhausser, exhéréder, exhiber, exhorter, exhumer* et leurs dérivés.

5° L'initiale [*omo*] s'écrit généralement *homo :*

Homologue, homogène, homonyme, homologuer, etc.

Deux mots font exception : *omophage,* adjectif, qui vit de chair crue, et *omoplate,* substantif, os large et plat de l'épaule.

6° L'initiale [*orto*] s'écrit le plus souvent par *ortho* :

Orthographe, orthopédie, orthodoxie, orthoptères, etc.

Un seul mot fait exception, c'est *ortolan.*

§ 2. — Règles pour les finales.

Je les répartirai en deux classes comme celles des initiales : règles sans exceptions et règles avec exceptions, et je continuerai à mettre *entre crochets,* et écrits de la manière la plus *simple,* les sons dont l'oreille est frappée.

Règles sans exceptions.

Voici celles qu'il importe le plus de connaître :

1° Les finales [*a-iie, é-iie*] s'écrivent par *ail, eil,* dans les noms masculins, et par *aille, eille,* dans les noms féminins :

Le *travail,* la *tenaille,* un *réveil,* une *merveille,* le *mail,* la *bataille.*

2° La finale [*a-iié*], dans l'infinitif des verbes de la première conjugaison, s'écrit toujours par *ailler :*

Travailler, tailler, empailler, tenailler, dérailler, etc.

3° La finale [*anse*], dans les substantifs venant d'un mot en *ant*, s'écrit par *ance :*

Constance, obligeance, enfance, ignorance, partance, etc.

Mais si le primitif est en *ent*, cette finale s'écrit par *ence :*

Prudence, patience, intelligence, négligence, etc.

4° La finale [*craci...*], qui signifie *gouvernement, puissance*, s'écrit toujours par *atie :*

Démocratie, théocratie, aristocratie, bureaucratie, etc.

5° La finale [*é...*], dans les substantifs exprimant la *contenance*, s'écrit toujours par *ée :*

Bouchée, aiguillée, cuillerée, charretée, panerée, etc.

6° La finale [*è...*], dans les substantifs désignant un *endroit* planté d'une certaine essence d'arbres, s'écrit par *aie :*

Boulaie, oseraie, saussaie, aunaie, chênaie, etc.

7° La finale [*eman*], dans les substantifs formés d'un verbe, s'écrit toujours par *ement :*

Entendement, parlement, accablement, établissement, etc.

8° Les finales [*èzon, oizon*], dans les substantifs, s'écrivent toujours par *aison, oison :*

Toison, terminaison, fauchaison, foison, lunaison, etc.

9° La finale [*fer*], qui signifie *qui porte, qui produit*, s'écrit *fère :*

Somnifère, léthifère, mammifère, ombellifère, etc.

10° La finale [*fic*], ayant dans les adjectifs, le sens de *qui donne, qui procure*, s'écrit toujours *fique :*

Soporifique, honorifique, sudorifique, scientifique, etc.

☞ Que les Anglais fassent bien attention à cette règle, parce que dans leur langue, les mêmes adjectifs s'écrivant par *fic*, ils sont naturellement portés à se servir de la même finale en français.

11° La finale [*for*], qui signifie aussi *qui porte*, s'écrit *phore :*

Amphore, électrophore, métaphore, pyrophore, etc.

12° La finale [*i*], dans les substantifs formés d'un verbe de la première conjugaison où cette finale se substitue à *er*, s'écrit toujours par *is :*

Un *semis*, le *hachis*, un *taillis*, le *fouillis*, le *gâchis*, etc.

13° La finale [*in*] s'écrit par *ain*, quand le mot a un dérivé en *aine*, comme :

Hautain, urbain, humain, souverain, riverain, etc.

Mais lorsque les dérivés sont en *ine*, cette finale s'écrit par *in :*

Cousin, argentin, voisin, purpurin, etc.

14° La finale [*lite*], quand elle signifie *pierre*, s'écrit par *lithe :*

Monolithe, aérolithe, phytolithe, zoolithe, etc.

15° Les finales [*ité, eté*], dans les substantifs venant d'adjectifs, s'écrivent toujours par *té*, comme dans :

Sonorité, malléabilité, élasticité, rareté, cherté, etc.

☞ Beaucoup d'étrangers font ici une faute : les substantifs de cette terminaison étant féminins, ils sont portés à croire que, pour cette raison, ces noms doivent prendre la finale *e* muet, ce qui n'a jamais lieu.

16° La finale [*mansi...*], qui signifie *divination*, s'écrit toujours *mancie :*

Chiromancie, aéromancie, nécromancie, uromancie, etc.

17° La finale [*ô*] s'écrit toujours *eau* dans les mots dont les dérivés remplacent cette finale par *el*. Ainsi vous écrirez :

Chameau, chapeau, couteau, marteau, pinceau, etc.,

puisque ces mots ont pour dérivés *chamelier, chapelier, coutelier, marteler, pincelier*.

18° La finale [*oir*], dans les substantifs masculins formés d'un verbe par l'addition de cette finale au radical, s'écrit *oir :*

Un *battoir*, le *tranchoir*, un *perchoir*, le *mouchoir*, etc.

Mais elle s'écrit *oire* dans le cas où les substantifs sont féminins, ou encore si, étant masculins, ils ont été formés par l'addition de [*atoir*], au radical.

La *balançoire*, une *écritoire*, le *Conservatoire*, un *observatoire*, etc.

19° La finale [*pati*], voulant dire *maladie, affection*, s'écrit *pathie* :

Allopathie, sympathie, antipathie, etc.

20° La finale [*zion*] s'écrit toujours par *sion*, comme dans :

Cohésion, allusion, révision, concision, etc.

Règles avec exceptions.

1° La finale [*andre*], dans les verbes, s'écrit toujours par *endre* :

Entendre, apprendre, détendre, reprendre, suspendre, etc.

Il y a deux exceptions : *épandre* et *répandre*.

2° La finale [*cable*], dans les adjectifs venant d'un verbe en *quer*, s'écrit généralement par *cable* :

Praticable, confiscable, inapplicable, etc.

Mais cinq mots font exception : *attaquable, critiquable, immanquable, remarquable* et *risquable*.

3° La finale [*eur*] s'écrit généralement par *eur* :

Saveur, douceur, ampleur, dormeur, souleur, etc.

Mais les mots suivants font exception : *leurre, beurre, demeure, heure* et *heurt* (du verbe *heurter*).

4° Les finales [*gné, gué, ké, i-ié*] appartenant à des noms de professions, d'arbres, d'objets pour contenir quelque chose, etc., veulent généralement un *i* suivi de *er* :

Châtaignier, figuier, coquillier, médaillier, peignier, etc.

Il y a trois substantifs qui font exception : *conseiller, poulailler* et *écailler*.

5° La finale [*graf*] s'écrit généralement par *graphe,* comme dans :

Sténographe, pantographe, géographe, historiographe, etc.

Un seul mot fait exception : *agrafe.*

6° La finale [*ion*], quand elle est précédée d'une consonne, s'écrit généralement par ces trois lettres :

Mention, portion, région, nation, etc.

Sont exceptés les mots : *alcyon, Amphitryon, ambryon.*

7° La finale [*if*], dans les substantifs masculins et les adjectifs, s'écrit généralement par ces deux mêmes lettres :

Subjonctif, instinctif, pendentif, commémoratif, etc.

Font exception : *apocryphe, calife, escogriffe, hiéroglyphe, logogriphe* et *pontife.*

8° La finale [*ker*] s'écrit généralement par *caire,* comme dans :

Apothicaire, calcaire, précaire, urticaire, etc.

Il y a exception pour *antiquaire, reliquaire* et *équerre.*

9° La finale [*ô*], dans les diminutifs substantifs, s'écrit le plus souvent par *eau :*

Souriceau, perdreau, cerceau, barreau, etc.

Les quatre suivants font exception : *levraut, bachot, îlot* et *boursicaut.*

Dans les diminutifs adjectifs, la même finale s'écrit par *aud :*

Finaud, moricaud, rougeaud, lourdaud, noiraud, etc.

10° La finale [*sié*], dans l'infinitif des verbes, s'écrit généralement *cier :*

Apprécier, associer, remercier, différencier, supplicier, etc.

Les deux verbes *balbutier* et *initier* sont exceptés.

11° La finale [*siel*], dans les adjectifs venant d'un substantif en *ance* ou en *ence,* s'écrit le plus ordinairement par *tiel :*

Confidentiel, différentiel, pestilentiel, substantiel, etc.

Un seul mot fait exception, c'est *circonstanciel.*

12° La finale [*sion*] s'écrit tantôt par *sion* et tantôt par *tion*.

Elle s'écrit par *sion* dans les mots qui font entendre les syllabes [*ècion, ercion, orcion, ulcion, urcion*], comme dans :

Accession, conversion, extorsion, convulsion, excursion, etc.

Il n'y a d'exception à cette règle que pour *assertion, insertion, portion, excrétion* et *sécrétion*.

On écrit cette finale par *tion*, quand elle appartient à des mots faisant entendre les syllabes [*âcion, ôcion, ucion, csion, psion*], comme :

Abjuration, motion, souscription, allocution, attraction, etc.

Mais les suivants font exception : *passion, compassion, concussion, discussion, percussion, succion, fluxion, annexion, génuflexion* et *réflexion*.

§ 3. — Règles orthographiques diverses.

Parmi les difficultés qu'offre encore l'orthographe des mots, quand on a étudié les initiales et les finales, viennent en première ligne celles qui concernent certaines voyelles et les consonnes qui se redoublent.

Aussi vais-je en faire l'objet du présent paragraphe.

Difficultés relatives à certaines voyelles.

Voici celles qui me paraissent dignes d'être signalées :

1° Le son [*a*] se représente toujours par *e* dans les adverbes de manière formés d'adjectifs en *ent*, comme dans :

Prudemment, insolemment, négligemment, imprudemment, etc.

2° Le son [*é*] se rend par *œ*, dans les sept mots suivants :

Fœtus, œcuménique, œdème, œnomètre, œnophile, œsophage, homœopathie.

Nota. Le dictionnaire de Noël et Chapsal écrit ainsi ce dernier : *homéopathie*. Mais je pense que c'est une faute ; car la règle étant dans notre langue (excepté pour *économie* et ses composés) de traduire la diphthongue grecque αι par *æ*, ainsi que le prouvent les exemples ci-dessus, on doit écrire également par un *o* et un *e* réunis l'initiale ***homœo***, qui vient de ὁμοιος.

3° Dans les interjections prononcées [*â, ê, ô*], on met *h* au commencement si l'interjection est *aspirée*, comme dans :

Ha, ha! vous voilà pris, enfin! ***Hô!*** que j'ai eu peur! ***Hé, hé!*** que faites-vous là?

Mais dans le cas où il n'y *a pas d'aspiration*, il faut mettre *h* à la fin du mot, comme dans ces phrases :

Oh! que je vous suis obligé! *Eh* bien! avez-vous réussi?

4° Le son [*eu*], grave ou aigu, s'écrit le plus souvent par *eu*; mais il y a dix mots où il doit être représenté par *œu*; ce sont :

Bœuf, cœur, chœur, manœuvre, mœurs, nœud, œuf, œuvre, sœur, vœu.

5° Lorsque la syllabe [*euil*] se trouve précédée d'un *c* ou d'un *g*, on transpose l'*u immédiatement* après ces consonnes, pour leur donner le son *dur*. Ainsi l'on écrit :

Cueillir, accueil, cercueil, orgueil, écueil, etc.

6° L'*e* muet qui, dans les adverbes en [*iman, éman, uman*], devrait rigoureusement se trouver entre les voyelles *i, é, u* et la consonne *m*, se supprime toujours. Ainsi il faut écrire :

Joliment, poliment, aisément, crûment, dûment, etc.

☞ Les étrangers ne doivent pas oublier que, malgré la suppression de l'*e* muet, les voyelles *i, é, u* restent *longues* (voir à la Prononciation, le nota page 62).

7° La voyelle nasale prononcée [*in*] s'écrit par *en* dans les mots suivants :

Agenda, appendice, examen, pensum, benjoin et ses dérivés.

8° Les voyelles nasales [*an, in, on, un*] prennent un *m* au lieu de *n* devant les consonnes *b, m, p*. Écrivez donc :

Importer, emmener, estomper, humble, amphibie, etc.

Mais il y a exception dans : *bonbon, embonpoint, néanmoins* et *nonpareille*.

9° La diphthongue [*ouin*] s'écrit le plus souvent par *oin*, suivi ou non suivi d'une autre consonne, comme dans :

Besoin, recoin, pourpoint, coing, etc.

Mais il y a exception pour : *babouin, baragouin, chafouin, marsouin* et *tintouin*.

Redoublement des Consonnes.

Comme dans une foule de mots, nous ne prononçons pas les consonnes qui se redoublent, il est indispensable, pour l'orthographe, d'établir les règles qui enseignent cette réduplication.

En voici pour chacune des *onze* consonnes sujettes à un redoublement qui ne se fait pas entendre.

B

Cette consonne ne se redouble que dans les mots suivants :

Abbé, gibbeux, rabbin, sabbat, et leurs composés.

C

On redouble cette consonne :

1° Dans les quatre mots suivants :

Saccade, saccager, succomber et *succursale.*

2° Généralement dans l'initiale des verbes écrite [*ac*], quand elle est suivie d'une consonne ou de l'une des voyelles *a, o, u* :

Accompagner, accuser, accaparer, accréditer, etc.

Il n'y a que deux verbes qui fassent exception : *acagnarder* et *acoquiner*.

F

Voici les cas principaux où sa réduplication a lieu :

1° Dans les initiales écrites [*chif, dif, suf*], sans aucune exception :

Chiffre, difforme, suffrage, suffocation, etc.

2° Dans les initiales écrites [*bouf, buf, cof, grif, truf*] aussi sans exception :

Bouffée, buffle, coffrer, truffe, griffonner, etc.

3° Dans les initiales écrites [*chauf, raf, souf*], comme dans :

Chauffage, raffiner, souffrance, etc.

Mais il y a ici quelques exceptions. On écrit : *chaufour, chaufournier, rafale, râfle, rafraîchir, soufre* (substantif), et ses dérivés.

☞ A l'occasion du mot *râfle*, je ferai remarquer aux étrangers que, excepté dans *châsse* (espèce de coffre) et dans *châssis*, on ne trouve jamais de consonne redoublée *après* une voyelle surmontée d'un accent circonflexe.

4° Généralement on redouble aussi *f* dans les initiales écrites [*af, ef, of*] :

Affection, effeuiller, officiel, offusquer, effondrer, etc.

Mais *afistoler, éfourceau* et *éfaufiler* font exception.

G

Se redouble seulement au commencement des trois mots :

Agglomérer, agglutiner, aggraver, et leurs composés.

L

Nous redoublons cette consonne dans les cas suivants :

1° Quand elle appartient à une finale *mouillée*, et qu'il s'agit d'un substantif *féminin :*

La *bataille*, la *groseille*, la *feuille*, la *patrouille*, la *sibylle*, etc.

Mais si le nom est *masculin*, on ne met qu'un *l :* un *œil*, du *cerfeuil*, un *bouvreuil*, le *fenouil*, etc.

Nota. Le mot *pupille* n'a qu'une seule orthographe pour les deux genres : le *pupille*, la *pupille*.

2° Dans toute finale de substantif *féminin* sonnant [*el*], comme dans :

La *tourterelle*, une *margelle*, une *bagatelle*, la *brocatelle*, etc.

Mais il y a exception pour *cautèle, clientèle, parallèle, poèle*, et plusieurs mots de médecine en *cèle*, comme *bronchocèle, gastrocèle*, etc.

3° Dans les substantifs dérivés de verbes en *eler* qui doublent *l*, et cela, dans les mêmes circonstances que ces derniers, c'est-à-dire quand cette consonne est suivie d'un *e* muet. Ainsi, comme on écrit : il *morcelle*, il *démantelle*, il *nivelle*, etc., il faut écrire :

Morcellement, démantellement, chancellement, nivellement, etc.

M

Il y a réduplication de cette consonne :

1° Dans les adverbes de manière ayant pour finale [*aman*] :

Nuitamment, prudemment, savamment, précédemment, etc.

2° Il en est de même dans les finales prononcées [*gram'*]. Ainsi on écrit :

Kilogramme, épigramme, anagramme, diagramme, etc.

N

Règle générale, on redouble cette consonne dans les mots venant d'un *primitif* terminé par *on*. Ainsi, à cause de *bouton, amidon, talon,* etc., on écrit :

Boutonner, amidonner, talonner, etc.

Mais cette règle souffre d'assez nombreuses exceptions ; on ne redouble pas le *n* :

(*a*) Dans les adjectifs dont la finale sonne [*ional*]. On écrit : *national, septentrional, régional,* etc. ;

(*b*) Dans tous les dérivés de *son* et de *canon* (terme de théologie), *sonore, sonorité, assonance, dissonance, canonial, canonique, canoniser,* etc. ;

(*c*) Ainsi que dans les mots suivants : *cassonade, donation, intonation, limonier* (cheval entre les brancards d'une voiture), *limonade, patronymique, pontonage, pontonier, ramoner* (du vieux mot *ramon,* balai).

P

Cette consonne se redouble dans les initiales écrites suivantes :

1° Dans [*op*] suivie de *o* ou de *r*. Ainsi on écrit :

Opposer, oppression, opportun, opprobre, etc.

2° Dans [*sup*] quand elle *précède* l'une des quatre lettres ***l, o, r, u***. Ainsi vous écrirez :

Supplier, supposer, supputer, suppression, etc.

R

La consonne *r* se redouble au commencement de plusieurs mots :

1° Dans les initiales écrites [*bour, four*], quand elles sont suivies d'une voyelle :

Bourreau, fourrage, bourriche, fourrure, bourrasque, etc.

Un seul mot fait exception, c'est *bouracan*.

2° Dans l'initiale écrite [*char*], quand elle est suivie de l'une des voyelles *e, o, u :*

Charron, charrette, charroi, charrue, etc.

3° Dans l'initiale écrite [*fer*], quand le mot exprime une idée relative au métal de même nom :

Ferrer, ferrement, ferrure, et leurs composés, *enferrer*, etc.

4° Dans l'initiale écrite [*ar*] d'un verbe, quand elle est suivie d'une voyelle.

Arrêter, arriver, arroser, arrimer, etc.

Il y a exception pour *arêner* et *aromatiser*.

S

Voici les principaux cas dans lesquels on la redouble :

1° Toutes les fois que les particules *dé* et *re* se trouvent placées devant un mot simple commençant par *s*, il faut redoubler cette consonne, sans quoi, en vertu d'une règle de prononciation (donnée page 51, 1re partie), elle ferait entendre le son de *z*. Ainsi les composés de *sembler, subir, saisir, saler, sécher,* doivent s'écrire :

Ressembler, ressentir, ressaisir, dessaler, dessécher, etc.

2° Lorsque la finale prononcée [*cion*] vient *après* une voyelle, et que l'on sait qu'elle ne doit pas s'écrire par *t*, elle s'écrit par *ss :*

Accession, admission, pression, profession, progression, etc.

Mais il y a exception pour *suspicion*.

3° Dans les initiales prononcées [*ace, èce, ice, oce, ouce*], quelles que soient les lettres qui précèdent l'articulation :

Assaillir, *aisselle*, *issue*, *osselet*, *houssine*, etc.

Il n'y a d'exception que pour les mots suivants : *acerbe, acéphale, acide, acier, ici, Océan,* et leurs composés.

T

Il faut redoubler cette consonne :

1° Dans la finale prononcée [*ète*] des substantifs *féminins :*

La *roulette*, une *girouette*, la *pirouette*, une *houlette*, etc.

2° Aussi dans l'initiale écrite [*at*], quand elle appartient à un verbe :

Attraper, *attenter*, *atteindre*, *attiser*, *attrister*, etc.

Mais les trois suivants : *atermoyer, atinter, atourner,* et leurs dérivés, font exception à cette règle.

§ 4. — Des Homophones.

Nous avons dans notre langue un nombre considérable de mots qui, tout en se prononçant de la même manière, ont des formes graphiques qui diffèrent plus ou moins.

Cette *identité* de prononciation avec cette *variété* d'écriture, qui déjà n'est pas sans donner quelque embarras aux Français, doit en causer bien plus encore aux étrangers. Aussi, ai-je songé à consacrer ce quatrième paragraphe aux homophones, dont l'étude est, à mon avis, l'indispensable complément de l'orthographe du dictionnaire.

Je ferai ici deux choses : d'abord j'exposerai des règles au moyen desquelles on peut facilement trouver l'orthographe d'un *substantif* ou d'un *adjectif,* quand on connaît un autre substantif ou une forme verbale ayant la même prononciation, ensuite je donnerai une liste des homophones.

Règles d'orthographe tirées de l'homophonie.

1° Lorsqu'un substantif a pour homophone un *verbe* à l'infinitif terminé par *guer*, *quer*, *iller* (*ll* mouillés), ce substantif a toujours un *i* avant la finale *er*. Ainsi, puisqu'il y a les verbes *droguer*, *peigner*, *quiller*, on écrira :

Un *droguier*, un *peignier*, un *quillier*.

Nota. Dans plusieurs dictionnaires, le substantif *écailler* fait exception ; mais Boiste dit que *écaillier* est plus régulier.

2° Tout substantif *féminin* qui est l'homophone d'un *participe passé* de *même* genre, a l'orthographe de ce dernier. Ainsi puisque l'on écrit : elle est *allée*, elle est *issue*, elle est *sortie*, etc., on doit écrire pareillement :

Une *allée*, une *issue*, une *sortie*, etc.

3° Lorsqu'un substantif *féminin* est de la même consonnance et de la même famille qu'un verbe à la troisième personne singulière du *présent de l'indicatif*, l'orthographe du substantif est identique à celle du verbe :

Il *attelle*, une *attelle* ; il *barre*, la *barre* ; il *cire*, la *cire* ; il *plume*, la *plume* ; etc.

Deux mots seulement font exception à cette règle ; on écrit la *dot*, la *vis*, quoique les verbes soient : il *dote*, il *visse*.

4° Lorsqu'un substantif *masculin* a pour homophone un verbe de même famille à la troisième personne singulière du *présent de l'indicatif*, son orthographe s'obtient, si le verbe est de la *première conjugaison*, en retranchant l'*e* final :

Il *décore*, le *décor* ; il *tire*, le *tir* ; il *leste*, le *lest* ; il *désire*, le *désir* ; il *pleure*, le *pleur*, etc.

Nota. Une double consonne en fin de mot n'entrant pas dans le génie de notre orthographe, il faut, en cas de redoublement, *supprimer* une des consonnes finales. De la sorte, des verbes : il *appelle*, il *recueille*, il *travaille*, etc., on tire ces substantifs : *appel*, *recueil*, *travail*, etc.

Si *que* est la finale du verbe, elle se change en *c* pour le substantif. Ainsi les verbes : il *bivaque*, il *trafique*, il *musque*, il *escroque*, donnent pour substantifs homophones : *bivac*, *trafic*, *musc*, *escroc*.

La règle précédente a plusieurs exceptions que je vais faire connaître :

(*a*) Les trois verbes il *leurre,* il *vote,* il *peigne,* ont des substantifs homophones d'une orthographe identique : un *leurre,* un *vote,* le *peigne ;*

(*b*) Les cinq suivants changent *e* en *t* : il *transfère,* il *rempare,* il *salue,* il *statue,* il *substitue,* donnent les substantifs : le *transfert,* un *rempart,* le *salut,* un *statut,* un *substitut.*

5° Quand un substantif *masculin* a pour homophone la troisième personne singulière du *présent de l'indicatif* d'un verbe appartenant à la *seconde* conjugaison, son orthographe s'obtient en supprimant le *t,* s'il s'agit d'un verbe en *enir,* et en le remplaçant par *s* s'il s'agit d'un autre :

Il *maintient*, le *maintien ;* il *soutient*, le *soutien ;* il *entretient*, un *entretien ;* il *discourt*, le *discours ;* il *concourt*, un *concours*, etc.

6° Lorsqu'un substantif a pour homophone un verbe à la troisième personne de l'*imparfait* de l'indicatif ou du *conditionnel présent,* ce substantif se termine par *et :*

Il *bassinait*, le *bassinet ;* il *croquait*, un *croquet ;* il *jouait*, un *jouet ;* il *rouait*, le *rouet*, etc.

Nota. L'homophone de il *baignait* s'écrit par *bei* : un *beignet.*

Cette règle a deux exceptions : *vautrait,* équipage pour la chasse du sanglier, et *tremblaie,* terrain planté de trembles.

7° Tout substantif homophone de la troisième personne singulière du *passé défini* ou du *futur* d'un verbe de *première* conjugaison, se termine par *at :*

Il *cracha*, le *crachat ;* il *attenta*, un *attentat ;* il *résulta*, un *résultat ;* il *força*, le *forçat ;* il *verra*, le *verrat*, etc.

Par exception, le substantif *visa* ne prend pas de *t*, et *comtat* n'a ni le *p* ni le *n* de ses homophones il *compta*, il *conta*.

8° Quand un substantif masculin a pour homophone un verbe

de la première conjugaison à la troisième personne plurielle du *passé défini,* ce substantif se termine toujours par *aire*. Ainsi, puisqu'on dit : ils *suèrent,* ils *notèrent,* ils *inventèrent,* il faut écrire :

Un *suaire,* le *notaire,* un *inventaire,* etc.

Il y a exception pour *lierre.*

9° Lorsqu'un substantif *féminin* est l'homophone d'un substantif *masculin,* le premier finit généralement par un *e* muet :

Un *couloir,* une *couloire;* le *croup,* la *croupe;* le *pater,* la *patère;* le *fil,* la *file;* le *gaz,* la *gaze;* un *éclair,* une *éclaire;* le *vol,* la *vole,* etc.

Nota. Quand le substantif masculin se termine par un *c,* le féminin se forme en changeant cette lettre en *que :* le *parc,* la *parque;* le *basilic,* la *basilique;* le *lac,* la *laque,* etc.

10° Lorsqu'un *adjectif* masculin a pour homophone un *participe présent,* il se termine généralement par *ant,* comme ce dernier. Ainsi l'on écrit :

Je l'ai vu *regardant,* il est très-*regardant,* etc.

Mais cette règle a pour exceptions tous les adjectifs verbaux suivants, qui se terminent par *ent : adhérent, coïncident, compétent, convergent, différent, émergent, équivalent, excellent, divergent, influent, négligent, précédent, violent.*

Nota. Dans plusieurs adjectifs en *ant,* l'orthographe médiale s'altère : *extravagant, fatigant, fringant* et *intrigant* ont un *u* de moins que les participes ; et les suivants : *communicant, vacant, suffocant,* prennent un *c* au lieu de *qu.*

Liste des Homophones.

Comme je ne puis donner ici une nomenclature complète de tous les mots qui pourraient se mettre en groupes homophoniques, je me bornerai à prendre dans le dictionnaire ceux qui me semblent de nature à embarrasser les étrangers.

Devant toujours partir de la prononciation pour arriver à l'orthographe, je diviserai chaque page en deux colonnes : dans celle de gauche, je figurerai, suivant l'ordre alphabétique et avec l'écriture la plus simple, la *prononciation* de chaque groupe d'homophones; et, dans celle de droite, j'indiquerai, avec la signification, les diverses *manières* d'écrire ces mots.

Nota. On ne trouvera dans cette liste aucun groupe formé par des mots tombant sous l'application des règles précédentes.

Prononciation :	Manières dont s'écrivent les Homophones :
Acor	*Accord*, s. m. union : — *accort*, adj. qui est poli, complaisant; — *achores*, s. m. pl. petits ulcères chez les enfants.
Alên'. . . .	*Alêne*, s. f. instrument pour coudre le cuir; — ***haleine***, s. f. respiration.
Amand' . .	*Amande*, s. f. fruit, graine contenue dans un noyau; — *amende*, s. f. punition pécuniaire.
Apâ.	*Appas*, s. m. pl. charmes, agréments; — *appât*, s. m. amorce à une ligne, à un piége.
Ar	*Are*, s. m. mesure agraire; — *arrhes*, s. f. pl. assurances pour la conclusion d'un marché; — *art*, s. m. talent de faire une chose; — *hart*, s. f. lien fait avec des branches pliantes; supplice.
Arcenic . .	*Arsenic*, s. m. poison violent; — *arsenique*, adj. de la nature de l'arsenic.
Bâ	*Bah!* interj. qui exprime le doute, la surprise; — *bas*, adj. inférieur, et aussi substantif; — *bât*, s. m. selle de bois pour les bêtes de somme.
Balè	*Balai*, s. m. instrument pour ôter les ordures; — *balais*, adj. qui est couleur de vin paillet (se dit des rubis); — *ballet*, s. m. danse dramatique.
Ban.	*Ban*, s. m. proclamation, exil; — *banc*, s. m. siége long, banquette.
Bô.	*Beau*, adj. qui a de la beauté; — *bot*, adj. difforme (se dit du pied).
Bonas' . . .	*Bonace*, s. f. calme de la mer après un orage; — *bonasse*, adj. m. simple, sans malice.

Prononciation :	Manières dont s'écrivent les Homophones :
Bour	***Bourg***, s. m. gros village; — ***bourre***, s. f. poil qu'on retire des peaux, ce qui retient la charge d'une arme à feu.
Brocar. . .	***Brocard***, s. m. raillerie piquante; — ***brocart***, s. m. tissu d'or et de soie.
Brut'. . . .	***Brut***, adj. qui n'est pas façonné; — ***brute***; s. f. animal considéré comme être privé de raison.
Ca-ié. . . .	***Cahier***, s. m. assemblage de plusieurs feuilles de papier; — ***caillé***, s. m. lait coagulé.
Can	***Camp***, s. m. lieu où reste une armée en campagne; — ***quand***, adv. mis pour lorsque; — ***quant***, dans l'expression *quant à*, signifiant *relativement à*.
Can'	***Cane***, s. f. femelle du canard; — ***canne***, s. f. roseau qui a des nœuds, bâton.
Ca-ô	***Cahot***, s. m. saut que fait une voiture; — ***chaos***, confusion de toutes choses.
Carié. . . .	***Carier***, v. se pourrir (en parlant des dents, des os); — ***carrier***, s. m. ouvrier qui travaille dans une carrière.
Keur	***Chœur***, s. m. exécution d'un chant à plusieurs voix; — ***cœur***, s. m. corps musculeux de la poitrine.
Chèr'. . . .	***Chair***, s. f. substance animale, aliment; — ***chaire***, s. f. tribune pour prêcher; — ***cher***, adj. qui est d'un grand prix; — ***chère***, s. f. régal et aussi accueil.
Chômé. . .	***Chaumer***, v. arracher le chaume; — ***chômer***, v. fêter, se reposer, manquer de travail.
Clèr'	***Clair***, adj. lumineux, évident; — ***clerc***, s. m. employé dans une étude.
Clor	***Chlore***, s. m. substance gazeuse verdâtre; — ***clore***, v. fermer, faire une clôture.
Crêm' . . .	***Chrême***, s. m. huile et baume consacrés par l'évêque; — ***crême***, s. f. la partie la plus grasse du lait.
Coc.	***Coke***, s. m. charbon de terre privé des principes volatils; — ***coq***, s. m. le mâle de la poule; — ***coque***, s. f. enveloppe de l'œuf.
Coléric. . .	***Cholérique***, s. qui est attaqué par le choléra; — ***colérique***, adj. qui est enclin à la colère.

Prononciation :	Manières dont s'écrivent les Homophones :
Cor	*Cor*, s. m. durillon, instrument de musique; — *corps*, s. m. matière, ce qui tombe sous les sens.
Cot'	*Cote*, s. f. marque, taxe; — *cotte*, s. f. jupe très-courte; — *quote*, qui se trouve dans *quote-part*, part de chacun.
Cou.	*Cou*, s. m. partie du corps; — *coup*, s. m. choc d'un corps qui en frappe un autre; — *coût*, s. m. ce que coûte une chose.
Cou-in. . .	*Coin*, s. m. angle, encoignure; — *coing*, fruit du coignassier.
Cour	*Cour*, s. f. enclos, suite, résidence d'un roi; — *cours*, s. m. direction, marche ; — *court*, adj. qui a peu de longueur.
Cri	*Cri*, s. m. bruit exprimant la joie ou la souffrance; — *cric*, s. m. machine pour soulever les fardeaux.
Dan.	*Dam*, s. m. privation de la vue de Dieu pour les damnés; — *dent*, s. f. os de la bouche ; — *dans*, prép.
Dans' . . .	*Danse*, s. f. art, action de danser; — *dense*, adj. épais, compacte.
Dat'	*Date*, s. f. temps où une action est faite ; — *datte*, s. f. fruit du dattier.
Dècin . . .	*Dessein*, s. m. intention, résolution ; — *dessin*, s. m. ce qu'on fait en dessinant.
Délâcé. . .	*Délacer*, v. ôter un lacet ; — *délasser*, ôter la lassitude.
Décèlé . . .	*Desceller*, v. défaire, ouvrir ce qui était scellé ; — *desseller*, v. ôter la selle.
Détoné . . .	*Détoner*, v. s'enflammer subitement, avec bruit ; — *détonner*, v. terme de musique, sortir du ton.
Écô.	*Écho*, s. m. son distinct répété par un corps ; — *Écot*. s. m. ce que chacun paie dans un repas en commun.
Éghé-ié . .	*Aiguayer*, v. passer du linge à l'eau avant de le laver; — *égayer*, v. rendre gai.
Eg-zôcé . .	*Exaucer*, v. accorder une chose demandée ; — *exhausser*, v. rendre plus élevé.
Èn'	*Aine*, partie du corps entre la cuisse et le ventre ; — *haine*, s. f. aversion, inimitié.

Prononciation :	Manières dont s'écrivent les Homophones :
Èr'	*Air*, s. m. atmosphère, façon; — *aire*, s. f. place pour battre le blé dans une grange, nid des grands oiseaux de proie; — *haire*, s. f. chemisette de crin; — *hère*, usité seulement dans l'expression *pauvre hère*; — *erre*, s. f. allure, errement.
Érô.	*Héraut*, s. m. officier public qui autrefois déclarait la guerre; *héros*, s. m. homme d'un grand courage, principal personnage d'un poëme.
Étic'	*Étique*, adj. maigre, attaqué d'étisie; — *éthique*, s. f. philosophie morale.
Étin	*Étaim*, s. m. partie la plus fine de la laine cardée; — *étain*, s. m. métal blanc très-léger.
Étrié. . . .	*Étrier*, s. m. anneau pour soutenir les pieds du cavalier; — *étriller*, v. frotter avec une étrille.
Far.	*Fard*, s. m. couleur mise sur la peau; — *phare*, s. m. tour éclairée pour guider les vaisseaux.
Fêt'. . , . .	*Faîte*, s. m. sommet d'un édifice; — *fête*, s. f. solennité, réjouissance.
Filtr'. . . .	*Filtre*, s. m. appareil pour clarifier l'eau; — *philtre*. s. m. breuvage magique pour inspirer de l'amour.
Flan	*Flan*, s. m. tarte, métal rond pour faire de la monnaie; — *flanc*, s. m. partie du corps au-dessus des hanches.
Fon	*Fond*, s. m. partie la plus basse d'un objet creux; — *fonds*, s. m. propriété en terre ou en argent; — *fonts*, s. m. pl. vaisseaux pour le baptême dans les églises.
Frè . . . . ,	*Frai*, s. m. œufs fécondés, altération des monnaies par le frottement; — *fret*, s. m. louage d'un vaisseau de transport.
Gar.	*Gare*, s. f. embarcadère; — *gars*, s. m. jeune garçon.
Ghé	*Gai*, adj. qui a de la gaieté; — *gué*, s. m. endroit d'une rivière où l'on passe à pied, et aussi exclamation qui marque la joie.
Jindr' . . .	*Geindre*, v. se plaindre pour peu de chose; — *gindre*, s. m. garçon de boulanger qui pétrit.

Prononciation :	Manières dont s'écrivent les Homophones :
Lâ	*Lacs*, s. m. sing. filet tendu pour prendre du gibier; — *las*, adj. fatigué.
Lè.	*Lai*, adj. se dit d'un frère non destiné aux ordres; — *laid*, adj. qui a de la laideur; — *lait*, s. m. liquide animal blanc; — *legs*, s. m. sing. don fait par testament; — *lès*, prép. vieux mot qui signifie *près de*.
Lest'	*Lest*, s. m. poids pour tenir un navire, un ballon en équilibre; — *leste*, adj. habile, léger.
Lis'.	*Lice*, s. f. lieu pour s'exercer à la course; — *lis*, s. m. plante à fleurs blanches; — *lisse*, adj. uni, doux et poli.
Lòc	*Loch*, s. m. instrument de marine pour mesurer la vitesse d'un vaisseau; — *lok* ou *look*, s. m. sorte de médicament; — *loque*, s. f. guenille, lambeau.
Lut'	*Lut*, s. m. espèce de mastic pour boucher les fentes des vases; — *luth*, s. m instrument de musique; — *lutte*, s. f. combat corps à corps, dispute, etc.
Mant' . . .	*Mante*, s. f. habit de certaines religieuses; — *menthe*, s. f. plante odorante.
Mar	*Marc*, s. m. dépôt grossier d'une chose qu'on a fait bouillir; — *mare*, s. f. petit amas d'eau dormante.
Martir . . .	*Martyr*, s. m. celui qui souffre beaucoup; — *martyre*, s. m. la souffrance de celui qu'on tourmente.
Miliar . . .	*Milliard*, s. m. terme de finances, mille millions; — *milliare*, s. m. millième partie de l'are.
Mir.	*Mire*, s. f. petit bouton sur le canon d'une arme à feu; — *myrrhe*, s. f. encens, résine odorante.
Mor	*Mors*, s. m. frein de la bride du cheval; — *mort*, s. f. état de ce qui a cessé de vivre, et aussi adjectif.
Mur	*Mur*, s. m. muraille; — *mûr*, adj. qui est en état de maturité; — *mûre*, s. f. fruit du mûrier.
Non'	*None*, s. f. partie de l'office catholique; — *nones*, s. f. certaines heures chez les Romains: — *nonne*, religieuse d'un couvent.

Prononciation :	Manières dont s'écrivent les Homophones :
Onbr' . . .	***Hombre***, s. m. sorte de jeu de cartes; — ***ombre***, s. f. absence de lumière.
Ospis' . . .	***Auspices***, s. m. pl. protection; divination par le vol des oiseaux; — ***hospice***, s. m. maison de charité pour les malades pauvres.
Ôstèr' . . .	***Auster***, s. m. vent du midi extrêmement chaud; — ***austère***, adj. sévère, rigide.
Ôtel.	***Autel***, s. m. table pour le sacrifice dans un temple; — ***hôtel***, s. m. grande maison où logent les voyageurs.
Pan	***Pan***, s. m. partie d'un mur, d'un habit; — ***paon***, s. m. oiseau d'un magnifique plumage.
Pancé . . .	***Panser***, v. soigner un cheval, une blessure; — ***penser***, réfléchir.
Panô. . . .	***Panneau***, s. m. partie d'un lambris; — ***paonneau***, s. m. le petit d'un paon.
Pê	***Paie***, s. f. action de payer, solde; — ***paix***, s. f. concorde, situation tranquille.
Pèr'	***Pair***, s. m. celui qui est revêtu de la pairie; — ***paire***, s. f. couple, réunion de deux objets de même espèce, etc.; — ***père***, s. m. celui qui a donné la vie; — ***pers***, adj. d'une nuance entre le vert et le bleu.
Pinçon. . .	***Pinçon***, s. m. marque à la peau quand elle a été pincée; — ***pinson***, s. m. petit oiseau chanteur.
Plan	***Plan***, s. m. dessein, projet; — ***plant***, s. m. terrain planté de jeunes arbres.
Plin	***Plain***, adj. uni, plat; — ***plein***, adj. rempli, et subst. la partie la plus grosse dans les lettres.
Plint' . . .	***Plainte***, s. f. mécontentement, gémissement; — ***plinthe***, s. f. bande en saillie plate autour d'un mur d'appartement.
Poi.	***Poids***, s. m. pesanteur; — ***pois***, s. m. légume; — ***poix***, s. f. sorte de résine gluante: — ***pouah!*** interj. qui marque du dégoût.
Por	***Porc***, s. m. pourceau; — ***pore***, s. m. ouverture imperceptible entre les molécules d'un corps; — ***port***, s. m. maintien, et aussi ville maritime.

Prononciation :	Manières dont s'écrivent les Homophones :
Pous' . . .	***Pouce,*** s. m. le plus gros des doigts ; —***pousse,*** s. f. quantité dont croît un végétal.
Pôz'	***Pause,*** s. f. suspension, retard, délai ; —***pose,*** s. f. posture d'un modèle, action de poser.
Prémis' . . .	***Prémices,*** s. f. pl. premières productions, commencement ; —***prémisses,*** s. f. pl. les deux premières propositions d'un syllogisme.
Rè	***Raie,*** s. f. trace, sorte de poisson ; —***rais,*** s. m. rayon de roue ; —***rets,*** s. m. sing. filet pour prendre des oiseaux.
Rènet' . . .	***Rainette,*** s. f. espèce de petite grenouille ; —***reinette,*** s. f. sorte de pomme.
Repèr' . . .	***Repaire,*** s. m. retraite de bêtes féroces, de brigands ; —***repère,*** s. m. marque faite sur un mur, un jalon, etc., pour se retrouver.
Répons' . .	***Raiponce,*** s. f. plante dont la racine se mange en salade ; —***réponse,*** s. f. ce qu'on répond.
Ri.	***Ris,*** s. m. action de rire, et aussi glande de la gorge du veau ; —***riz,*** s. m. plante des pays chauds, graine farineuse qu'elle produit.
Sal	***Sale,*** adj. malpropre ; —***salle,*** s. f. grande pièce d'un appartement.
Sandal. . .	***Cendale,*** s. f. étoffe pour les bannières ; —***sandal,*** s. m. bois jaune des Indes, employé en teinture ; —***sandale,*** s. f. sorte de chaussure.
Sans' . . .	***Cens,*** s. m. impôt, dénombrement ; —***sens,*** s. m. sentiment, position des objets.
Sancé . . .	***Censé,*** adj. cru, présumé, regardé comme ; —***sensé,*** adj. prudent, qui a du bon sens.
Satir. . . .	***Satire,*** s. f. critique, ouvrage critique ; —***satyre,*** dieu champêtre chez les Romains.
Sèlié. . . .	***Cellier,*** s. m. espèce de cave au rez-de-chaussée ; —***sellier,*** s. m. fabricant de selles.
Sècion . . .	***Cession,*** s. f. abandon, action de céder ; —***session,*** s. f. temps des délibérations d'une assemblée.

Prononciation :	Manières dont s'écrivent les Homophones :
Sèn'	*Cène*, s. f. dernier repas de J.-C. avec ses apôtres; — ***scène***, s. f. partie d'un théâtre; — ***seine***, s. f. filet de pêcheur.
Sign' . . .	*Cygne*, s. m. gros oiseau aquatique; — ***signe***, s. m. indice, marque, signal.
Sin.	*Sain*, adj. qui est favorable à la santé; — ***saint***, adj. consacré à Dieu; — ***sein***, s. m. milieu, mamelle: — ***seing***, s. m. signature.
Sir	*Cire*, s. f. substance molle et jaunâtre provenant du travail des abeilles; — ***cirrhe***, s. m. filament de la vigne; — ***sire***, s. m. qualification donnée aux rois, aux empereurs.
Sô.	*Saut*, s. m. action de sauter; — ***sceau***, s. m. empreinte d'un grand cachet; — ***seau***, s. m. vase de bois pour porter de l'eau; — ***sot***, qui n'a pas de jugement, sans esprit.
Soc.	*Soc*, s. m. fer tranchant de la charrue; — ***socque***, s. m. chaussure que l'on met par-dessus les autres.
Suc-sin . .	*Succin*, s. m. ambre jaune; — ***succinct***, adj. bref, en raccourci.
Tant'. . . .	*Tante*, s. f. sœur du père ou de la mère; — ***tente***, s. f. pavillon tendu dont on se sert à la guerre.
Tê	*Taie*, s. f. tache sur l'œil, enveloppe d'oreiller; — ***têt***, s. m. morceau d'un vase brisé.
Tin.	*Tain*, s. m. lame d'étain derrière les glaces; — ***teint***, s. m. coloris du visage; — ***thym***, s. m. plante aromatique.
Ton.	*Taon*, s. m. grosse mouche à aiguillon; — ***thon***, s. m. gros poisson de mer; — ***ton***, s. m. intonation.
Tor	*Tore*, s. m. grosse moulure ronde au bas des colonnes; — ***tors***, adj. qui est tordu; — ***tort***, s. m. ce qui est contre la raison; préjudice, dommage.
Vanté . . .	*Vanter*, v. préconiser, louer à l'excès; — ***venter***, v. faire du vent (en parlant du temps).
Vèr.	*Vair*, adj. terme de blason, fourrure blanche et grise; — ***ver***, s. m. insecte long et sans pieds; — ***verre***, s. m. substance transparente, vase pour boire; — ***vers***, prépos. — ***vert***, adj. de la couleur de l'herbe.
Versô . . .	*Verseau*, s. m. premier signe du zodiaque; — ***verso***, s. m. revers d'un feuillet.

Prononciation :	Manières dont s'écrivent les Homophones :
Voi	*Voie*, s. f. chemin, moyen, mesure; — *voix*, s. f. son vocal, suffrage.
Volatil. . .	*Volatil*, adj. qui s'évapore (en parlant des liquides); — *volatile*, s. m. tout animal qui vole.
Volté. . . .	*Voleter*, v. voler comme les petits oiseaux; — *volter*, v. terme d'escrime, changer de place pour éviter un coup.
Zest'	*Zest!* interj. qui marque la moquerie; — *zeste*, s. m. pellicule qui divise la châtaigne, la chair de la noix.

§ 5. — Des Abréviations.

Tout ce que je viens de dire sur l'orthographe du dictionnaire n'aurait pas encore épuisé la matière, si je ne parlais maintenant des abréviations dont certains mots sont susceptibles.

Or, comme ces abréviations se font les unes avec des lettres, les autres avec des chiffres, je traiterai successivement de ces deux espèces, disant pour chacune d'elles ses règles, les mots qu'elle comprend, et les circonstances où ces mots peuvent s'abréger.

Abréviations qui se font avec des lettres.

On trouve dans les dictionnaires une foule d'abréviations qui résultent d'un retranchement plus ou moins considérable de lettres à la fin des mots; mais ce n'est point de celles-là qu'il doit être question ici : je ne parlerai que des abréviations qui, consacrées par l'usage, ont par cela même une orthographe fixée.

Cette orthographe est régie par les règles suivantes :

1° Tout mot qui s'abrége contient au moins son *initiale* représentée par une *majuscule*. Ainsi le mot *nord* s'écrit N.

2° Si deux mots qui s'abrégent ont la *même* initiale, on ajoute après celle-ci *assez de minuscules*, prises ou dans les lettres suivantes, ou dans les finales, pour que les abréviations soient parfaitement distinctes. Ainsi *éminence* s'écrit Em. — *excellence*, Exc. — *comte*, Cte — *compagnie*, Cie —.

3° Quand une majuscule est *seule* ou suivie d'une ou de deux minuscules qui ne sont pas *les dernières* du mot qu'on abrége, on met un *point* qui tient lieu des lettres supprimées; mais si la majuscule est suivie d'une ou de plusieurs minuscules qui contiennent la lettre finale, on *ne met pas* de point. C'est pour cette raison que *monsieur* s'écrit M. — *éminence,* Em. — tandis que *monseigneur* s'écrit Mgr sans point.

Nota. On met quelquefois, dans les journaux principalement, les minuscules sur la même horizontale que la majuscule. Vous pourrez donc écrire également bien : Mgr ou Mgr — Mme ou Mme — Mde ou M^{de} etc.

4° Lorsqu'il s'agit d'un titre au pluriel, on *double* les initiales majuscules; s'il faut un point, on ne le met qu'*après* chaque réduplication; et si le *singulier* renferme une ou deux minuscules supérieures, on les reproduit en y ajoutant le signe du pluriel. Ainsi les les titres : *leurs altesses, messeigneurs,* s'écrivent : LL. AA. — MM^{grs} —.

Maintenant je passe à l'énumération des mots qu'on a coutume d'abréger.

Je les diviserai en cinq catégories : *titres, mots relatifs à la religion, mots du commerce et de l'industrie, mots géographiques* et *mots divers;* et je ferai suivre chacun d'eux de son abréviation.

TITRES.

Attendu que la plupart peuvent s'employer aussi au pluriel, je les placerai sur deux colonnes, une pour chaque nombre.

Baron	B^{on}	*Barons*	BB^{ons}
Baronne	B^{nne}	*Baronnes*	BB^{nes}
Comte	Cte	*Comtes*	CC^{tes}
Comtesse	C^{sse}	*Comtesses*	CC^{ses}
Duc	D^{c}	*Ducs*	DD^{cs}
Duchesse	D^{sse}	*Duchesses*	DD^{sses}
Madame	Mme	*Mesdames*	MM^{mes}
Mademoiselle ...	Mlle	*Mesdemoiselles*	MM^{lles}
Maître	M^{e}	*Maîtres*	MM^{es}
Marquis	Mis	*Marquis*	MM^{is}
Marquise	M^{ise}	*Marquises*	MM^{ses}

Monseigneur	Mgr	*Messeigneurs*......	MM^{grs}
Monsieur	M.	*Messieurs*	MM.
Révérend Père.....	R. P.	*Révérends Pères*...	RR. PP.
Saint.............	S.	*Saints*............	SS^{ts}
Saint-Père	S. P.		
Sa Sainteté	S. S.		
Son Altesse Royale.	S. A. R.	*Leurs Altesses Roy*.	LL. AA. RR.
Son Alt. Séréniss..	S. A. S.	*Leurs Alt. Séréniss*.	LL. AA. SS.
Son Éminence.....	S. Ém.	*Leurs Éminences* ..	LL. EEm.
Son Excellence	S. Exc.	*Leurs Excellences* .	LL. EExc.
Sa Grâce	S. G.	*Leurs Grâces*......	LL. GG.
Sa Grandeur......	S. G^{r}	*Leurs Grandeurs* ..	LL. GG^{rs}
Sa Hautesse	S. H.		
Sa Majesté	S. M.	*Leurs Majestés*	LL. MM.
Sa Maj. Britann...	S. M. B.		
Sa Maj. Catholique.	S. M. C.		
Sa Maj. Impériale .	S. M. I.	*Leurs Maj. Impér*. .	LL. MM. II.
Sa Maj. Royale ...	S. M. R.	*Leurs Maj. Royales*.	LL. MM. RR.
Sa Maj. Très-Chrét.	S. M. T. C.		
S. Maj. Très-Fidèle.	S. M. T. F.		
Sa Seigneurie......	S. S^{ie}	*Leurs Seigneuries* .	LL. SS.
Vicomte	Vte	*Vicomtes*	VV^{tes}

☞ *Altesse* s'applique aux princes de la famille impériale et aussi aux princes étrangers; — ***Éminence***, aux cardinaux; — ***Excellence***, aux ministres, aux ambassadeurs, aux maréchaux et aux présidents du Sénat, du Corps législatif et du Conseil d'État; — ***Grandeur***, aux archevêques et aux évêques; — ***Grâce***, aux ducs et aux marquis anglais; — ***Hautesse***, au sultan de Constantinople; — ***Maître***, aux avocats, aux avoués et aux notaires; — ***Majesté***, aux rois et aux empereurs; — ***Majesté Catholique***, à la reine d'Espagne; — ***Majesté Très-Fidèle***, au roi de Portugal; — ***Monseigneur***, aux princes de la famille impériale, et aussi aux évêques, quoique, officiellement, ils n'aient droit qu'au titre de ***Monsieur***; — ***Père***, ***Révérend Père***, aux religieux; — ***Saint Père*** et ***Sainteté***, au pape; — ***Seigneurie***, aux lords anglais.

MOTS RELATIFS A LA RELIGION.

Antienne, Ant. — *Bienheureux*, B. — *Deo optimo maximo* (au Dieu très-bon et très-grand), D. O. M. — *Jésus-Christ*, J.-C. —

Jésus-Christ Notre-Seigneur, J.-C. N.-S. — *Jésus Nazaréen roi des Juifs,* J. N. R. J. — *La religion* (réformée), L. R. — *Notre-Dame,* N.-D. — *Notre-Seigneur,* N.-S. — *Notre-Seigneur Jésus-Christ,* N.-S. J.-C. — *Psaume,* Ps. — *Verset,* ℣ — *Répons,* ℟ — *Saint,* S. — *Temps pascal,* T. P.

MOTS DU COMMERCE ET DE L'INDUSTRIE.

Accepté sans protêt, A. S. P. — *A protester,* A. P. — *Associé,* AS^cié — *Breveté en....* B^té (suivi d'un millésime). — *Commerçant,* C^t — *Compagnie,* Cie — *Francs,* FR. — *Centimes,* C. — *Marchand,* M^d — *Mention honorable,* M. H. — *Négociant,* N^gt — *Première médaille,* P. M. — *Sans garantie du gouvernement,* S. G. D. G. — *Successeur,* Suc^r —.

MOTS GÉOGRAPHIQUES.

Est, E. — *Sud,* S. — *Ouest,* O. — *Nord,* N. — *Nord-Est,* N. E. — *Nord-Ouest,* N. O. — *Sud-Est,* S. E. — *Sud-Ouest,* S. O. — *Nord-Nord-Est,* N. N. E. — *Nord-Nord-Ouest,* N. N. O. — *Sud-Sud-Est,* S. S. E. — *Sud-Sud-Ouest,* S. S. O. etc.

MOTS DIVERS.

Assurance, AS^ce — *Chirurgien,* CH^ien — *Dentiste,* D^te — *Docteur,* D^r — *Docteur-Médecin,* D^r M^in — *Maison assurée,* M. A. — *Maison assurée contre l'incendie,* M. A. C. L. — *Manuscrit,* Mss. — *Le nommé* (non inconnu), N. — *Neuve,* N^ve — *Nota bene* (notez bien), N. B. — *Numéro.* N° — *Post-scriptum,* P. S. — *S'il vous plaît,* S. V. P. — *Voyez,* Voy. ou V. — *Veuve,* V^e —.

Mais il ne suffit pas de savoir quels sont les mots que l'on abrége, et de quelle manière s'écrivent leurs abréviations; il faut encore être informé des circonstances où ces abréviations *peuvent* se faire.

Or, voici ce qu'il importe le plus de savoir à cet égard :

1° On ne peut abréger les titres qu'autant qu'ils sont placés devant un nom propre, un nom de fonctionnaire, de magistrat, etc., *dont* on parle. Ainsi il est permis d'écrire :

M. le préfet de la Seine a convoqué le conseil municipal. — Mgr B... fera l'intérim pendant l'absence du ministre. — L'état de *S. A. I.* le prince J... N... continue à s'améliorer. — Mme l'ambassadrice a été présentée aux Tuileries, etc.

Dans tous les autres cas, lorsque les titres, soit seuls, soit suivis d'un nom propre, de fonctionnaire, etc., sont appliqués aux personnes *mêmes auxquelles* on s'adresse, on ne peut en faire l'abréviation sans commettre une *grave* impolitesse.

☞ Je prie les étrangers de ne pas oublier que, dans la suscription d'une lettre, il n'est *jamais* permis non plus d'abréger les titres, car là aussi on s'adresse directement à celui auquel ils se donnent.

2° Parmi les termes relatifs à la religion, il en est trois qui ne peuvent s'abréger que lorsqu'ils sont suivis d'un nom propre ; ce sont : *bienheureux, Notre-Dame* et *saint* :

La *B.* Vierge Marie. — *N.-D.* de Bon-Secours. — La seconde croisade fut prêchée par *S.* Bernard, etc.

Au frontispice des églises et des temples, les mots *Deo optimo maximo* s'abrégent toujours.

3° Quant à ceux qui désignent des professions, ils peuvent prendre l'abréviation toutes les fois qu'ils figurent comme attributs après un nom propre :

M. Xavier, NC^{t} en vins. — M. Charles, D^{r} M^{in} — MM. Dracks, M^{ds} de blé, etc.

4° Les termes géographiques que j'ai cités ne s'abrégent qu'autant qu'ils signifient *du côté de, dans la direction de,* comme lorsqu'on dit :

La France est à l'*O.* de l'Europe, l'Angleterre au *N.*, la Russie à l'*E.* et l'Italie au *S.*

Mais quand ils signifient *la partie* d'un pays qui se trouve dans telle ou telle direction, relativement à ce pays lui-même, on ne les abrége jamais.

5° Les deux adjectifs *neuve* et *veuve* ne s'abrégent généralement que lorsqu'ils sont suivis d'un nom propre, et *numéro*, que s'il est suivi d'un nom de nombre.

La rue *Nve*-des-Mathurins ; — la *Ve* L.... a peu survécu, etc. ; — il demeure rue Royale, *No* 20.

6° Les expressions *le nommé, nota bene, post-scriptum*, s'abrégent presque toujours :

Ambassadeur à Berlin : *N.* — *N. B.* Toutes les fois que, etc. — *P. S.* J'ai oublié de vous dire que, etc.

☞ Les post-scriptum ne sont admis dans le style épistolaire qu'entre personnes usant d'une certaine familiarité ; quand on écrit à un supérieur, la politesse les interdit formellement.

Abréviations qui se font avec des chiffres.

Il n'y a que les noms de nombre cardinaux, les adjectifs numéraux ordinaux et les adverbes d'ordre formés de ces derniers qui puissent s'abréger en chiffres.

Mais nous avons deux sortes de chiffres : les chiffres *arabes* et les chiffres *romains*. Desquels convient-il de se servir ?

On emploie le plus souvent les chiffres arabes ; mais on doit faire usage des chiffres romains dans les cas suivants :

1° Pour numéroter les divisions d'une préface, les livres, les sections, les titres, les chapitres d'un ouvrage. Ainsi l'on écrit :

Vous trouverez ce renseignement liv. *III*, sect. *II*, chap. *VII*, etc.

2° Pour indiquer l'ordre numéral d'un siècle, l'adjectif cardinal qui accompagne le nom d'un souverain, ceux qui désignent les années de la première république française :

Pendant les trois siècles *Xe*, *XIe*, *XIIe*, le régime féodal fut dans toute sa vigueur.

(Chéruel.)

Depuis le schisme, Henri *VIII* fut presque toujours l'allié de François *I*er.

(Diction. de BOUILLET.)

La constitution de l'an *III* (1795) créait une direction chargée du pouvoir exécutif.

(*Idem.*)

Quand il s'agit d'adjectifs ordinaux ou d'adverbes d'ordre numéral, il faut encore savoir ce qui suit relativement à l'abréviation :

1° Un adjectif *ordinal* s'abrége en mettant la finale *ème* ou simplement *e* à la droite et en haut du chiffre, arabe ou romain, qui exprime cet adjectif. Ainsi on écrit :

Le 12e régiment de ligne, le *XV*e, le *XVI*e siècle, etc.

Il y a exception pour *premier* et *second,* qui, n'ayant pas la même finale, s'écrivent ainsi : 1er, 2d.

2° Pour un adverbe d'ordre *numéral,* on met à droite et un peu en haut du chiffre arabe un *o,* qui est la finale de l'adverbe exprimé en latin. Il faut donc abréger *premièrement, deuxièmement,* etc., ainsi qu'il suit :

1°, 2°, 3°, 4°, 5°, 6°, 7°, etc.

On pratique toujours les abréviations susceptibles de se faire en chiffres, excepté dans les actes publics, dans les contrats et dans les effets de commerce, où elles sont défendues par la loi, comme pouvant favoriser la fraude.

CHAPITRE II.

DE L'ORTHOGRAPHE DES DÉSINENCES.

On ne possède pas entièrement l'orthographe des mots quand on ne sait que la manière dont ils sont écrits au dictionnaire ; comme parmi eux il s'en trouve une foule qui changent de terminaison pour s'accommoder soit au genre ou au nombre, soit à la personne ou au temps, il importe aussi de savoir écrire ces mots avec leurs diverses désinences.

La langue française a six espèces de mots variables ; mais le substantif, l'adjectif, le verbe et le participe étant les seules qui puissent offrir des difficultés aux étrangers, je ne dirai rien dans ce chapitre des désinences des deux autres parties.

Dans une première section, je m'occuperai des terminaisons du substantif et de l'adjectif, et, dans une seconde, de celles du verbe, en y comprenant le participe.

NOTA. Dans ce qui va suivre, je mettrai entre crochets toute désinence signalée seulement par sa *prononciation*.

SECTION Ire. — Des désinences du substantif et de l'adjectif.

L'intimité de l'adjectif avec le substantif allant, en français, jusqu'à rendre identiques les règles relatives à l'orthographe de leurs désinences, je pourrai traiter à la fois de ces deux espèces de mots ; et, comme il ne peut être question ici d'autre chose que du *féminin* et du *pluriel*, je serai naturellement conduit à faire deux paragraphes.

§ 1er. — RÈGLES RELATIVES AU FÉMININ.

Pour exposer ces règles avec méthode, je distinguerai deux cas : celui où le mot se prononce au féminin comme au masculin, et celui où cette homophonie n'existe pas.

1er Cas. — Le féminin se prononce comme le masculin.

Voici quelles sont les règles du féminin, quand il y a identité de prononciation avec le masculin :

1° Tout mot, substantif ou adjectif, dont le *masculin* se termine par *e* muet, ne change pas au *féminin*; ainsi l'on écrit :

Le *coupable*, la *coupable*; le *patriote*, la *patriote*; un *sage* conseil, une *sage* politique; le *malade*, la *malade*, etc.

2° Si le *masculin* est terminé par *é*, *i*, *u*, le *féminin* se forme en ajoutant un *e* muet :

Un *ami*, une *amie*; un *infortuné*, une *infortunée*; un garçon *joufflu*, une fille *joufflue*, etc.

Nota. Quand le *masculin* est terminé par *gu*, il faut mettre un tréma sur l'*e* du féminin : *aigu*, *aiguë*; *ambigu*, *ambiguë*, etc. — L'accent circonflexe de *crû* disparaît; on écrit : une pomme *crue*.

3° Quand le *masculin* est en *eur*, le *féminin* prend aussi un *e* muet de plus :

Un *mineur*, une *mineure*; le *supérieur*, la *supérieure*, etc.

4° Si le *masculin* est terminé par *el*, *eil*, *ol*, le *féminin* se forme en doublant *l* avant l'*e* muet :

Un *mortel*, une *mortelle*; un teint *vermeil*, une joue *vermeille*; un *fol* amour, une conduite *folle*, etc.

5° Lorsque le mot au *masculin* se termine par *c*, on obtient le *féminin* en changeant cette consonne en *que* :

Le bien *public*, l'administration *publique*; un âge *caduc*, une voix *caduque*, etc.

Nota. Dans le féminin de *grec* on conserve le *c* : l'histoire *grecque*.

2d Cas. — Le féminin ne se prononce pas comme le masculin.

Lorsqu'aux deux genres un substantif ou un adjectif ne se prononce pas de la même manière, il faut savoir ce qui suit pour bien écrire le *féminin* :

1° Les substantifs et les adjectifs qui, ayant un masculin en *ier*, font entendre, au *féminin*, la finale [*ièr'*], se terminent par *ière* :

Le *jardinier*, la *jardinière;* un nombre *entier*, une nation *entière;* un *meunier*, une *meunière*, etc.

2° Les mots dont le *féminin* a la finale [*èce*] s'écrivent par *sse*, ou *esse*, ajouté au *masculin* :

Une *druidesse*, une *abbesse*, la foudre *vengeresse*, une *pécheresse*, etc.

Nota. Mais il faut remarquer que ceux qui sont formés d'un masculin en *eur* changent *eu* en *e* muet, comme le montrent les derniers cités, *vengeresse* et *pécheresse*, qui viennent de *vengeur*, *pécheur*.

3° Ceux dont la finale sonne [*euz', ouz'*] au *féminin*, s'écrivent tous par *ouse*, *euse* :

Une *épouse*, la *religieuse*, une maxime *rigoureuse*, etc.

4° Les mots *féminins* à la finale [*el*], qui ont un masculin en *eau*, s'écrivent toujours par *elle* :

Le *jouvenceau*, la *jouvencelle;* un livre *nouveau*, une chose *nouvelle*.

5° La finale [*ris'*] des mots *féminins* s'écrit simplement *rice* :

Une *inspectrice*, l'*institutrice*, une passion *dominatrice*, etc.

6° Les mots qui font entendre le son final [*ant'*] au *féminin*, s'écrivent par *ante* ou *ente*, selon que leur masculin a le son [*an*] écrit par *a* ou par *e* :

Le *mendiant*, la *mendiante;* un élève *négligent*, une femme *négligente*, etc.

Nota. Les deux mots *gouvernante* et *servante*, dont le masculin est en *eur*, se terminent aussi en *ante*.

7° Les *féminins* finissant par le son [*ot'*], et ayant un masculin en *ot*, s'écrivent les uns par *ote* :

Bigote, cagote, dévote, falote, idiote, manchote, nabote;

les autres par *otte*, ce sont :

Bellotte, huguenotte, linotte, sotte et *vieillotte*.

8° Les mots dont le *féminin* a la finale [*èt'*], s'écrivent par *ette :*

Une *bachelette,* la *cadette*, une fille *muette,* etc.

Il y a exception pour les suivants : *complète, concrète, discrète, indiscrète, inquiète, replète* et *secrète.*

9° Enfin, tous les mots qui ont à leur *féminin* une finale en [*en', an', on'*], prennent deux *n* avant l'*e* muet :

Une *citoyenne,* l'histoire *ancienne,* la *baronne,* une *paysanne,* etc.

Il reste bien encore quelques règles à donner sur l'orthographe du féminin; mais elles sont si peu importantes, qu'il ne me semble pas nécessaire d'y arrêter mes lecteurs.

§ 2. — Règles relatives au pluriel.

Comme pour les règles concernant le féminin, je vais distinguer deux cas : celui où le pluriel est l'homophone du singulier, et celui où cette homophonie n'existe pas.

1er Cas. — **Le pluriel se prononce comme le singulier.**

Règle générale, quand le *pluriel* d'un substantif ou d'un adjectif est l'homophone de son *singulier,* on ajoute *s* à celui-ci pour former le pluriel :

Le *mouton,* les *moutons;* l'*épouvantail,* les *épouvantails;* un *fou,* des *fous;* un froid *glacial,* des froids *glacials;* un *pensum,* des *pensums*, etc.

☞ Le pluriel des mots, substantifs ou adjectifs, terminés au singulier par ***ant*** ou ***ent***, varie selon les auteurs: les uns écrivent ***ants***, ***ents***, comme dans ***savants***, ***prudents;*** les autres, ***ans***, ***ens***, comme dans ***géans***, ***agens***. Mais je dois avertir les étrangers que la ***seule*** manière logique d'écrire ces mots c'est d'y conserver le *t.* —Le mot ***gens*** est le seul excepté.

La règle que je viens de donner a plusieurs exceptions :

1° Toutes les fois que le *singulier* est terminé par l'une des consonnes *s, x, z,* le *pluriel* a la même orthographe. Vous écrirez donc, comme au singulier :

Les *nez,* les enfants *pervers,* les *lynx,* les *toux,* etc.

2° Quand il s'agit de lettres de l'alphabet, de chiffres, de notes de la musique ou de mots pris substantivement, il en est de même. On écrit :

Les *b*, les *quatre*, les *sol*, les *car*, les *pourquoi*, etc.

3° Autre exception pour les mots latins qui donnent leurs noms aux prières, aux psaumes, aux hymnes. Il faut écrire :

Des *Ave*, des *Credo*, des *Pater*, des *Miserere*, des *Stabat*, etc.

4° Si le singulier se termine par *au* ou par *eu*, le *pluriel* se forme en ajoutant un *x*. Voilà pourquoi on écrit :

Les *tombeaux*, les *aloyaux*, les *jeux*, les *chapeaux*, etc.

Cependant on met un *s* à *bleu* : des habits *bleus*.

5° Les sept suivants en *ou*, au singulier, forment aussi leur pluriel par l'addition de *x* :

Des *bijoux*, des *cailloux*, des *choux*, des *genoux*, des *hiboux*, des *joujoux*, des *poux*.

2d Cas. — **Le pluriel ne se prononce pas comme le singulier.**

Il n'y a ici que trois règles à donner :

1° Tous les mots, substantifs ou adjectifs, dont le pluriel se termine par le son [ô], s'écrivent par *aux*, si leur singulier est en *al* ou en *ail*. Ainsi, puisqu'on dit *corail, social, métal, cristal*, etc., on doit écrire :

Des *coraux*, des liens *sociaux*, des *métaux*, des *cristaux*, etc.

Nota. Le substantif *ail* (légume) prend de plus un *l* : des *aulx*.

2° Les trois suivants, qui ont un pluriel avec la finale [*eu*] et un singulier terminé par *l*, s'écrivent par *eux* :

Les *cieux*, les *yeux*, les *aïeux*.

3° Les substantifs pluriels en [*i*], avec le singulier en *o* ou *e* (qui viennent de l'italien), s'écrivent par *i* simple. Ainsi comme on dit : un *carbonaro*, un *dilettante*, un *lazzarone*, un *quintetto*, vous écrirez :

Les *carbonari*, les *dilettanti*, les *lazzaroni*, les *quintetti*.

SECTION II. — Des Désinences du Verbe.

De toutes les parties variables de notre langue, aucune n'offre, pour l'orthographe des désinences, autant de difficultés que le verbe, et cela pour deux raisons : la première, parce que les finales verbales s'appliquant à la personne, au nombre, au temps et au mode, sont très-nombreuses et très-diverses ; la seconde, parce que ces finales sont loin de s'ajouter toujours au radical sans y déterminer quelques modifications dues à la rencontre de certaines lettres.

J'ai donc à donner ici deux sortes de règles : celles qui s'appliquent spécialement aux désinences, et celles qui concernent les altérations que subit le radical.

§ 1er. — RÈGLES POUR LES DÉSINENCES VERBALES.

Je vais donner ces règles pour chacun des temps simples de la conjugaison, et telles qu'elles puissent s'appliquer indistinctement à tous les verbes, réguliers ou irréguliers.

INFINITIF. — PRÉSENT.

1° Tous les verbes qui, au présent de l'infinitif, font entendre la finale [*é*], s'écrivent par *er :*

Chanter, parler, transporter, attribuer, contempler, etc.

2° Ceux qui font entendre la finale [*ir*] s'écrivent, pour la plupart, par *ir :*

Éblouir, grandir, établir, fuir, garantir, etc.

Mais il y a exception :

(*a*) D'abord pour ceux qui ont le participe présent en [*izan*] ou [*ivan*] ; ils se terminent par *ire*. Ainsi, comme on dit *: lisant, écrivant, nuisant, médisant,* on écrit :

Lire, écrire, nuire, médire, etc.

(*b*) Ensuite, pour les quatre suivants : *bruire, frire, maudire* et *sourire.*

3° Les verbes à la finale [*oir*] s'écrivent généralement avec ces mêmes lettres :

Voir, *apercevoir*, *mouvoir*, *recevoir*, etc.

Sont exceptés : *boire*, *croire* et ses composés.

4° Quand un verbe au présent de l'infinitif ne fait entendre aucune des finales précédentes, il s'écrit toujours par *re :*

Rendre, *mordre*, *absoudre*, *clore*, *adjoindre*, etc.

PARTICIPE PRÉSENT.

Dans tous les verbes de notre langue, le participe présent se termine *constamment* par *ant :*

Marchant, *tenant*, *buvant*, *peignant*, *rendant*, etc.

☞ Dans certaines circonstances, ce mot, passant à l'état d'adjectif devient susceptible de genre et de nombre. Je dirai, à *l'orthographe d'accord*, comment on peut distinguer si le mot verbal en *ant* est adjectif ou s'il est verbe.

PARTICIPE PASSÉ.

Voici comment on doit écrire le participe passé, d'après le son qui le termine :

1° Tout participe passé à la finale prononcée [*é*] s'écrit par *é :*

Demandé, *irrité*, *échappé*, *dérangé*, etc.

2° Si la finale se prononce [*è*], il s'écrit par *ait*, comme dans :

Fait, *distrait*, *abstrait*, *surfait*, *etc.*

3° Ceux en [*èr'*] s'écrivent par *ert*, comme dans :

Offert, *découvert*, *souffert*, *ouvert*, etc.

4° Les participes passés faisant entendre la finale [*in*] se terminent toujours par *int* précédé de *e* ou de *a*, selon que c'est la première ou la seconde de ces lettres qui se trouve à l'infinitif présent du verbe. Vous écrirez donc :

Par *A* : *craint*, *contraint*, *plaint ;*
Par *E* : *peint*, *éteint*, *astreint*, etc.

5° Quant à ceux terminés par le son [*i*], ils s'écrivent tantôt par un *i* simple, tantôt par *is*, et tantôt par *it*.

(*a*) Ils se terminent par *i* simple, si le participe passé n'a *pas de féminin* ou s'il en a un en *i* long. On écrit :

(Pas de féminin) : *agi*, *bondi*, *suffi*, *gémi*, *froidi*, *menti*, etc.

(Féminin en *ie*) : *roussi*, *grandi*, *senti*, *ébloui*, *établi*, etc.

Exception : le participe *médit* s'écrit par *t*, quoique n'ayant pas de féminin.

(*b*) On écrit par *is* ceux dont le féminin est en [*ize*], et par *it*, ceux dont le féminin est en [*it'*]. Ainsi, comme on dit : *conquise*, *entreprise*, *reproduite*, *détruite*, on écrit :

Conquis, *entrepris*, *reproduit*, *détruit* ,etc.

6° Ceux qui font entendre les sons finals [*ô*, *ou*, *ouin*], s'écrivent par *os*, *ous*, *oint*, comme :

Clos, *absous*, *joint*, *dissous*, *déjoint*, etc.

7° A l'exception de *reclus* et de *inclus*, tous ceux qui finissent par le son [*u*] s'écrivent par *u* simple :

Circonvenu, *abstenu*, *tordu*, *parvenu*, *pourvu*, etc.

8° Enfin ceux qui font entendre la finale [*ui*], s'écrivent généralement par *uit*, comme :

Construit, *réduit*, *séduit*, *introduit*, etc.

Mais il y a exception pour *brui* (part. passé du verbe *bruire*), *fui*, *lui*, *relui* et *nui*.

☞ Attendu que les verbes de la *première* conjugaison se prononcent de la *même* manière au participe passé qu'à l'infinitif, les étrangers pourraient bien ne pas savoir toujours laquelle de ces formes il convient d'employer. Or, voici un moyen pour sortir d'embarras : substituez au verbe de première conjugaison un verbe *quelconque* appartenant à l'une des trois autres; comme le participe passé de ce dernier se prononcera toujours autrement que son infinitif, vous reconnaîtrez sans peine la forme verbale dont il faut vous servir. Ainsi supposons qu'on hésite sur l'orthographe des mots entre crochets de la phrase suivante : *Votre ami, qui est* [*allé*] *à la campagne, viendra me* [*cherché*] *demain pour* [*visiter*] *la ville avec moi*, etc. Le premier mot verbal pouvant se remplacer par *parti*, le second par *prendre*, et le troisième par *parcourir*, on en conclut qu'il faut mettre : *allé, chercher, visiter*.

INDICATIF. — PRÉSENT.

De toutes les formes verbales, il n'en est aucune qui offre plus de difficultés que le présent de l'indicatif; aussi, pour établir clairement son orthographe, vais-je examiner à part le singulier et le pluriel.

Singulier :

1° Tous les verbes qui ont la finale muette [*e*], c'est-à-dire ceux de la première conjugaison, ceux en *frir*, *vrir*, ainsi que *cueillir*, *recueillir* et *assaillir*, terminent leurs trois personnes singulières par *e, es, e*. Ainsi on écrit :

J'*aime*, tu *chantes*, il *parle*, j'*offre*, tu *ouvres*, il *cueille*, etc.

2° Avec toutes les *autres* terminaisons, les finales sont généralement *s, s, t*, comme le montrent les exemples suivants :

Je *finis*, tu *asservis*, il *hait*, je *clos*, tu *perds*, il *bout*, etc.

Il y a quelques exceptions à cette règle :

(*a*) On écrit sans *t* à la troisième personne les verbes *aller*, *vaincre*, et leurs composés : il *va*, il *s'enva*, il *vainc*, il *convainc*.

(*b*) Les verbes en *aloir*, ainsi que *pouvoir* et *vouloir*, prennent *x* au lieu de *s* aux deux premières personnes : je *vaux*, tu *vaux*, tu *peux*, je *veux*.

3° Les verbes *dormir*, *mentir*, *partir*, *sortir*, *servir*, *sentir* et leurs composés perdent *m, t, v* devant *s*. On écrit :

Je *dors*, tu *mens*, je *pars*, tu *sors*, je *sers*, tu *sens*.

4° Les verbes de la *quatrième* conjugaison, qui ont une *consonne* avant *re*, conservent généralement cette lettre; et si c'est un *d*, il remplace le *t* à la troisième personne. Ainsi l'on écrit :

Rompre : Je *romps,* tu *romps,* il *rompt.*
Mettre : Je *mets,* tu *mets,* il *met,*
Fondre : Je *fonds,* tu *fonds,* il *fond.*

Nota. Le verbe s'*asseoir* et son composé, *se rasseoir*, qui prennent un *d* au présent de l'indicatif, sans avoir cette consonne à leur infinitif, le conservent aussi à la troisième personne. On écrit : Je m'*assieds*, tu t'*assieds*, il s'*assied,* elle se *rassied.*

Mais cette règle a des exceptions :

(*a*) Les verbes en *indre* et en *soudre* perdent le *d* et rentrent dans la règle n° 2. Écrivez donc : je *crains,* tu *peins,* il *joint,* j'*absous,* tu *plains,* tu *résous,* il *peint,* etc. ;

(*b*) Ceux qui ont l'infinitif en *aître* perdent le *t* aux premières personnes, et il ne reparaît qu'à la troisième : je *parais,* tu *nais,* il *disparaît*, il *naît,* etc.

Pluriel :

L'orthographe des personnes plurielles n'offre aucune difficulté : c'est toujours *ons* et *ez* pour les deux premières personnes, et *ent* ou *ont* pour la troisième :

Nous *marchons,* vous *passez*, ils *courent,* ils *font,* etc.

Quelques verbes irréguliers, à la deuxième personne, se terminent par la syllabe muette [*te*], qu'il faut écrire avec *s* final, *tes :* vous *dites,* vous *faites,* vous *êtes,* etc.

Nota. Dans tous ceux qui ont leur troisième personne plurielle en [*èn'*], c'est-à-dire dans les verbes en *enir*, ainsi que dans *prendre* et ses composés, il y a toujours deux *n* avant *ent :* ils *viennent*, ils *parviennent*, ils *soutiennent*, ils *prennent*, etc.

IMPARFAIT.

Les terminaisons de ce temps sont toujours, sans aucune exception : *ais, ais, ait, ions, iez, aient.* On écrit :

Je *chantais,* tu *partais*, il *rendait,* nous *restions*, vous *mouriez,* ils *couraient*, etc.

☞ Les étrangers qui seraient embarrassés pour distinguer la première personne de l'*imparfait* de la première personne du *passé défini*, quand il s'agit d'un verbe en *er*, devraient recourir à la substitution : un autre verbe *quelconque* dont ils connaîtraient bien l'imparfait et le passé défini, mis à la place du premier, leur révèlerait immédiatement celui des deux temps qu'ils devraient employer.

PASSÉ DÉFINI.

Pour tout verbe dont l'infinitif est en *er*, les terminaisons du passé défini sont toujours *ai, as, a, âmes, âtes, èrent* :

Je *sautai*, tu *parlas*, il *entra*, nous *frottâmes*, vous *chassâtes*, ils *osèrent*, etc.

Quant aux verbes des trois autres conjugaisons, les finales de ce temps sont *s, s, t, ^mes, ^tes, rent*, précédés de l'une des voyelles *i, u, in* :

J'acquis, tu *bus*, il *tint*, nous *prîmes*, vous *vécûtes*, ils *vinrent*, etc.

☞ La voyelle *in* appartient exclusivement aux verbes en *enir;* mais comment trouver ceux qui font le passé défini avec *i* et ceux qui le font avec *u?* Voici à ce sujet une règle qui pourra être utile aux étrangers : conjuguez le verbe donné d'abord avec *i*, puis avec *u*, ensuite consultez l'oreille; pour peu qu'elle soit exercée, elle vous enseignera bientôt le choix à faire.

FUTUR.

Tout verbe au futur a pour terminaisons *rai, ras, ra, rons, rez, ront*, comme on le voit dans :

Je *parlerai*, tu *finiras*, il *acquerra*, nous *saluerons*, vous *prendrez*, ils *enverront*, etc.

Nota. Le futur, ainsi que nos savants l'ont démontré, ayant été formé en ajoutant à l'infinitif le présent de l'indicatif du verbe *avoir* (*ai, as, a*, etc.), il s'ensuit qu'il n'y a que les verbes de la *première* conjugaison qui, dans les finales de ce temps, puissent avoir un *e* muet avant *r*. Ainsi je *penderai*, tu *perderas*, il *mettera*, etc., seraient d'impardonnables fautes.

CONDITIONNEL. — PRÉSENT OU FUTUR.

Les terminaisons de ce temps sont toujours : *rais, rais, rait, rions, riez, raient*, comme dans :

Je *parlerais*, tu *finirais*, il *acquerrait*, nous *lirions*, vous *pendriez*, ils *sortiraient*, etc.

Nota. Tout verbe qui n'a pas d'*e* muet avant le *r* de la terminaison du futur, n'en peut avoir non plus au conditionnel.

IMPÉRATIF.

Toutes les fois que la seconde personne singulière se termine par le son [*e* muet], il ne faut pas mettre de *s* après. Ainsi on écrit :

Aie, cueille, sache, aime, ouvre, etc.

Dans tous les autres cas, excepté pour *va,* cette personne prend un *s* final. Écrivez donc :

Fuis, prends, poursuis, clos, résous, etc.

Les deux personnes plurielles se terminent toujours par *ons, ez* ou *tes,* comme au présent de l'indicatif, et n'offrent, par conséquent, aucune difficulté :

Partons, veuillez, disons, faites, etc.

NOTA. Les impératifs en *e* muet, de même que *va,* prennent quelquefois dans les phrases un *s* euphonique : c'est lorsqu'ils sont suivis des mots *en* et *y*, et que ces mots sont les compléments des verbes à l'impératif. Ainsi on dit : Tu as des livres, prêtes-*en* à tes amis ; l'église est tout près, vas-*y*. Mais il faut bien faire attention que si *en* signifie *comme*, et si *y* est régime d'un *autre* verbe, le *s* ne doit plus s'employer. Vous écrirez en conséquence : Quand tu donnes, *donne* en homme généreux ; la rivière n'est pas loin, *va* y chercher de l'eau.

SUBJONCTIF. — PRÉSENT OU FUTUR.

Dans un verbe quelconque, régulier ou irrégulier, les *trois* personnes singulières et la *troisième* du pluriel se terminent généralement par le son [*e* muet], qui s'écrit : *e, es, e* pour le singulier, et *ent* pour le pluriel :

Que je *sorte*, que tu *vailles,* qu'il *boive*, qu'ils *perdent,*
Que je *cueille,* que tu *rendes,* qu'il *fasse*, qu'ils *prennent.*

NOTA. Tous les verbes dont la finale fait entendre le son [*èn'*] c'est-à-dire tous ceux en *enir*, ainsi que *prendre* et ses composés, ont deux *n* : que je *tienne,* que tu *apprennes*, qu'il *prenne,* qu'ils *viennent,* etc.

Exception : le verbe *être* fait que je *sois,* que tu *sois,* qu'il *soit,* et le verbe *avoir,* qu'il *ait.*

Quant aux *deux* premières personnes du *pluriel*, elles sont toujours terminées par *ions*, *iez* :

Que nous *cueillions*, que vous *rendiez*, que nous *marchions*, que vous *écriviez*, etc.

☞ Ces deux personnes sont formées du participe présent, en changeant *ant* en *ions*, *iez*. Il suit de là que 1° si le participe présent a un *i* avant *ant*, comme dans *priant*, il y aura deux *i* de suite aux deux personnes plurielles du subjonctif : que nous *priions*, que vous *priiez*; — 2° si au lieu de *i*, c'est un *y*, comme dans *payant*, les mêmes personnes devront avoir un *i* après l'*y* : que nous *payions*, que vous *payiez*.

IMPARFAIT.

Les terminaisons de ce temps sont constamment *sse*, *sses*, *^t*, *ssions*, *ssiez*, *ssent*, précédés de la voyelle *persistante* des terminaisons du passé défini. Ainsi, comme pour les verbes de la première conjugaison, cette voyelle est toujours un *a*, on écrit :

Que je *parlasse*, que tu *sautasses*, qu'il *roulât*, que nous *vengeassions*, que vous *entrassiez*, qu'ils *portassent*, etc.

Et, comme pour les verbes des trois autres conjugaisons, elle est tantôt *i*, tantôt *u*, tantôt *in*, il faut écrire, selon le cas :

Que je *finisse*, que tu *reçusses*, qu'il *vînt*, que nous *éblouissions*, que vous *perçussiez*, qu'ils *tinssent*, etc.

§ 2. — Altérations que peut subir le radical.

Ces altérations sont de trois sortes : celles qui concernent les radicaux terminés par *c* ou *g*, celles relatives aux radicaux terminés par *y* précédé d'une voyelle, et enfin celles qui affectent les radicaux ayant pour finale une *consonne* précédée de la voyelle *e*.

Voici maintenant en quoi consistent ces altérations, et dans quels cas on doit les faire :

Le radical est terminé par C ou par G.

Il ne peut être question ici que des verbes terminés à l'infinitif par *cer* ou *ger*. Or, ces verbes devant conserver au *c* et au *g* la prononciation *douce*, il faut, toutes les fois que la *terminaison* amène *a, o* ou *u* devant ces consonnes, mettre une *cédille* sous le *c* et un *e* muet après le *g* :

Nous *avançons*, nous *mangeons*, nous *berçâmes*, il *ménageait*, etc.

NOTA. Cette règle s'applique non-seulement aux verbes, mais encore aux mots qui en dérivent. Ainsi on écrit : *gageure*, *plaçage*, parce que ces mots viennent de *gager*, *placer*.

Le radical se termine par Y précédé d'une voyelle.

Toutes les fois qu'on a formé un verbe en ajoutant la terminaison *er* à un mot ayant pour finale *ai*, *e* (muet), *oi*, *ui*, on a dû, pour lier cette finale à la terminaison, s'arranger de manière qu'il y eût deux *i* entre elles. Or, deux *i* de suite s'écrivaient autrefois *ij*, d'où est venue la lettre *y* (si improprement appelé *i* grec), que nous voyons dans ces verbes.

Maintenant que doit-on faire de cet *y* du radical lorsque, dans la conjugaison, il vient à être suivi d'un *e* muet ou de la syllabe muette *ent?* Il est évident que, puisqu'il ne sert plus à lier deux syllabes, il doit se réduire à un *i* simple. Vous écrirez donc :

Il *paie*, ils *grasseient*, nous *ploierons*, vous *ennuierez*, etc.,

quoique ces mots viennent de *payer*, *grasseyer*, *ployer*, *ennuyer*.

☞ Il n'est pas rare, je le sais, de rencontrer, même dans nos livres modernes, cet *y* suivi d'une syllabe muette; mais je ne conseillerais pas aux étrangers d'adopter cette orthographe; car lorsque le choix est permis, comme ici, entre deux manières d'écrire, j'estime que la meilleure est toujours celle que dicte la logique.

Le radical se termine par une consonne précédée d'un E.

Trois cas peuvent se présenter : ou cet *e* porte un accent circonflexe à l'infinitif, ou un accent aigu, ou encore il est muet :

1° Lorsque cet *e* porte un accent circonflexe, il n'éprouve aucun changement (voir le nota du n° 4, page 14). Ainsi on écrit :

Je *prête*, nous *mêlons*, vous *apprêterez*, ils *s'empêtrent*, etc.

2° Quand il est surmonté d'un accent *aigu* (*é*), cet accent se change en accent *grave* toutes les fois que cette même consonne vient à être suivie d'un *e* muet (voir n° 3, page 12). Ainsi les verbes *empiéter, céder, léguer, sécher,* ont des formes qui s'écrivent :

J'*empiète*, tu *cèdes*, il *lèguera*, nous *sècherons*, etc.

Mais si la consonne qui sépare les deux *e* est un *g*, l'accent aigu doit être conservé (voir n° 1, page 13) :

Il *assiége*, ils *protégent*, il *allégera*, ils *assiégeraient*, etc.

2° Lorsque c'est un *e muet* qui précède la consonne finale du radical, il faut, règle générale, quand celle-ci est suivie aussi d'un *e* muet, mettre un accent *grave* sur le premier (voyez n° 3, page 12). Ainsi on doit écrire :

Il *sème*, tu te *promènes*, nous *lèverons*, qu'ils *pèsent*, qu'ils *achèvent*, etc.,

formes qui viennent des verbes *semer,* se *promener, lever, peser, achever.*

Mais cette règle a des exceptions. Ainsi :

(*a*) Quand un *n* appartenant au radical d'un verbe en *enir* sépare les deux *e*, on redouble toujours cette consonne :

Ils *viennent*, ils *appartiennent*, qu'ils *tiennent*, que tu *préviennes*, etc.

(*b*) Quand il s'agit d'un verbe en *eler* ou en *eter,* on redouble également *l* et *t*, comme on le fait, du reste, en semblable circonstance dans une foule de mots. On écrit :

J'*appelle*, tu *jettes*, nous *rappellerons*, qu'ils *jettent*, nous *nivellerons*, etc.

☞ L'Académie ne fait point cette réduplication dans les verbes *acheter, bourreler, déceler, geler, harceler* et *peler;* mais plusieurs grammairiens, et des meilleurs, n'étant point ici de son avis, je pense qu'on peut redoubler *l* et *t* dans les verbes dont il s'agit, sans risquer d'encourir un reproche fondé d'orthographe défectueuse.

LIVRE TROISIÈME.

DE L'ORTHOGRAPHE D'ACCORD.

Cette partie de l'Orthographe enseigne essentiellement quand et comment l'adjectif s'accorde avec son substantif, le pronom avec son antécédent, le verbe avec son sujet; les cas dans lesquels le participe présent et le participe passé deviennent variables, et ceux où ils ne doivent pas varier. Mais certaines questions de nombre dans les noms, et surtout celle du *genre,* si importante pour les étrangers, doivent aussi être comprises dans le même livre, à raison de la difficulté de trouver place ailleurs.

Ces théories diverses, que je vais aborder par le substantif, pour reprendre ensuite l'ordre indiqué plus haut, comprendront sept chapitres.

CHAPITRE PREMIER.

DU GENRE DES NOMS.

Considérés sous le rapport générique, les substantifs de notre langue se divisent en deux classes : ceux qui ont été gratifiés des *deux* genres, et ceux qui n'en ont reçu qu'*un* seul.

Je ne chercherai pas ici à expliquer cette bizarrerie; mais je m'en autoriserai pour faire deux sections dans ce chapitre.

SECTION Ire. — Noms ayant un double genre.

Ces noms sont de deux sortes : ceux qui conservent le *même* genre aux deux nombres, et ceux qui *changent* de genre en changeant de nombre.

§ 1er. — Noms qui ont le même genre aux deux nombres.

Voici les plus usités, que je range dans l'ordre alphabétique :

Aide, *masc.* homme qui aide, qui est adjoint à un autre ; — *fém.* une femme qui aide ; ou encore, secours, assistance.

Aigle, *masc.* quand, au propre, il désigne l'oiseau de ce nom, et, au figuré, un homme d'un grand génie ; — *fém.* s'il désigne la femelle de l'aigle, une enseigne militaire, une armoirie, une devise, une constellation.

Aune, *masc.* arbre de bois blanc qui croît près des eaux ; — *fém.* ancienne mesure qui valait un peu plus d'un mètre.

Antique, *masc.* tout ce que les anciens nous ont laissé en fait d'art ; — *fém.* médaille, statue antique.

Basque, *masc.* langage parlé dans la Biscaye ; habitant de ce pays ; — *fém.* pan d'un habit.

Capre, *masc.* vaisseau armé en course ; — *fém.* boutons du câprier que l'on confit dans du vinaigre.

Carpe, *masc.* partie osseuse entre le bras et la main ; — *fém.* poisson d'eau douce.

Cartouche, *masc.* ornement de sculpture autour des chiffres, des armoiries, etc. ; — *fém.* charge d'une arme à feu.

Chose, précédé de *quelque*, est *masc.* quand il signifie *une chose :* Y a-t-il *quelque chose* de *nouveau ?* — *fém.* lorsqu'il veut dire *quelle que soit la chose; quelque chose* que je lui aie *dite*, je n'ai pu le convaincre. — *Autre chose*, sans déterminatif qui le précède, est toujours *masculin.*

Claque, *masc*, chapeau plat qui se plie sous le bras ; — *fém.* coup du plat de la main, applaudissements dans un théâtre, sorte de chaussure.

Comté, *masc.* quand il est à l'état de mot simple ; — mais s'il entre dans un mot composé, il est *féminin;* on dit *le* comté de Provence, *la* Franche-Comté, *une* vicomté.

Contumace, *masc.* accusé qui ne paraît point ; — *fém.* refus, défaut de comparaître en justice.

Couleur, *masc.* quand il est suivi d'un substantif servant à désigner une *nuance* de couleur. Ainsi on dit : Voilà une bête d'*un beau* couleur de feu ; il portait un habit d'*un beau* couleur vert-pomme, parce que cela signifie *d'un beau rouge* couleur de feu, d'*un beau vert* couleur de pomme. — Mais il est *fém.* toutes les fois qu'il signifie l'impression que la couleur fait sur l'œil.

Cornette, *masc.* petit étendard de cavalerie ; — *fém.* coiffure de femme.

Couple, *masc.* quand il désigne le mâle et la femelle, ou encore deux individus de même sexe, mais *indispensables* l'un à l'autre pour le but qu'ils se proposent : *un couple* de pigeons suffit pour peupler une volière; *un couple* de fripons exploite le quartier; — *fém.* quand il signifie simplement le nombre *deux.*

Crêpe, *masc.* bande d'étoffe portée au chapeau en signe de deuil ; — *fém.* pâte mince cuite dans la poèle.

Critique, *masc.* celui qui examine, juge les ouvrages d'esprit; — *fém.* art de critiquer, écrit du critique.

Duché, *masc.* s'il est à l'état de mot simple; — *fém.* quand il fait partie d'un mot composé : *le* duché de Normandie ; *une* duché-pairie.

Enfant, *masc.* pour désigner un enfant en général ou un garçon; — *fém.* quand on veut parler d'une fille.

Enseigne, *masc.* officier qui porte le drapeau; — *fém.* marque, indice, tableau à la porte d'un marchand.

Foudre, *masc.* représentation de la foudre avec de petits dards en zigzag; grand tonneau pour le vin; — *fém.* le feu du ciel, ou, au figuré, et au pluriel, bulle d'excommunication.

Fourbe, *masc.* celui qui trompe avec adresse; — *fém.* tromperie basse et adroite.

Garde, *masc.* homme armé qui garde; — *fém.* femme qui garde, action de garder, gens de guerre qui gardent.

Greffe, *masc.* lieu où se garde le dépôt des actes judiciaires ; — *fém.* ente.

Gueules, *masc.* la couleur rouge (en terme de blason); — *fém.* bouche des animaux carnassiers.

Guide, *masc.* tout ce qui sert à conduire; — *fém.* courroie pour diriger un cheval.

Héliotrope, *masc.* plante dont le disque se tourne vers le soleil; — *fém.* pierre précieuse.

Hymne, *masc.* chant national ou religieux en général; — *fém.* en parlant des chants de l'église catholique.

Laque, *masc.* vernis de la Chine, noir ou rouge; — *fém.* gomme résineuse qui vient aux Indes orientales.

Livre, *masc.* ouvrage d'esprit, écrit; — *fém.* ancienne monnaie et aussi ancien poids.

Loutre, *masc.* chapeau ou manchon de poil de loutre; — *fém.* animal amphibie.

Manche, *masc.* partie d'un instrument ou d'un outil; — *fém.* partie d'un vêtement; mer ayant deux ouvertures, comme un canal.

Manœuvre, *masc.* ouvrier maçon ou couvreur; — *fém.* mouvement de troupes, opération militaire, service des cordages d'un vaisseau.

Mémoire, *masc.* écrit pour donner des instructions ou pour rappeler; — *fém.* faculté de se rappeler les choses.

Merci, *masc.* remercîment; — *fém.* miséricorde : être à *la* merci de quelqu'un.

Mode, *masc.* manière d'être; terme de grammaire, de musique, de philosophie; — *fém.* usage passager. Au pluriel, confection de chapeaux pour dames.

Moule, *masc.* matière creusée pour couler le plomb, la fonte, etc.; — *fém.* petit poisson renfermé dans une coquille bivalve.

Mousse, *masc.* jeune matelot; — *fém.* espèce d'herbe qui croît sur les arbres, les terres, etc.

Œuvre, *masc.* quand, au singulier, il signifie le recueil des ouvrages d'un musicien, d'un graveur, la pierre philosophale; — *fém.* banc des marguiliers dans une église; action, production, tant au singulier qu'au pluriel.

Office, *masc.* devoir, service divin, charge avec permanence; — *fém.* endroit où se prépare ce qu'on donne au dessert; classe de domestiques qui y mangent.

Orge, *masc.* seulement dans *orge mondé, orge perlé*; — *fém.* dans toutes les autres acceptions.

Page, *masc.* jeune gentilhomme au service d'un prince, d'un roi ; — *fém.* côté d'un feuillet ; l'écriture qui s'y trouve contenue.

Paillasse, *masc.* bateleur qui fait des tours d'adresse sur une place publique ; — *fém.* paille renfermée dans une toile pour mettre sous les matelas.

Parallèle, *masc.* cercle de la sphère ; comparaison littéraire ; — *fém.* ligne qui n'en peut rencontrer une autre ; communication entre deux tranchées.

Pendule, *masc.* instrument de physique, balancier des horloges ; — *fém.* petite horloge à laquelle est appliqué un pendule.

Période, *masc.* le plus haut point où une chose puisse arriver ; — *fém.* espace de temps, révolution d'un astre ; réunion de phrases.

Personne, *masc.* quand il est sans déterminatif ni article et accompagné d'une négation ; on dit : Personne *n'*est *venu.* — *fém.* quand il est précédé de l'article et d'un déterminatif : Connaissez-vous *la* personne qui entre ? *Cette* personne ?

Physique, *masc.* constitution naturelle du corps ; qualités extérieures d'une personne ; — *fém.* l'une des sciences naturelles.

Platine, *masc.* métal très-pesant ; — *fém.* partie de la batterie d'un fusil à pierre.

Poêle, *masc.* fourneau, drap mortuaire, voile qu'on tend au-dessus des mariés ; — *fém.* ustensile de cuisine pour faire frire.

Ponte, *masc.* celui qui est chargé de jouer, dans une maison de jeu ; — *fém.* action de pondre, temps où les oiseaux pondent.

Poste, *masc.* lieu où l'on a placé des troupes, emploi ; — *fém.* administration pour le transport des dépêches ; relais pour voyager.

Pourpre, *masc.* maladie ; rouge foncé qui approche du violet ; — *fém.* teinture rouge que les anciens tiraient d'un coquillage.

Pupille, *masc.* jeune garçon sous la conduite d'un tuteur ; — *fém.* ouverture centrale de l'iris de l'œil ; jeune fille en tutelle.

Relache, *masc.* repos, interruption ; — *fém.* lieu où les vaisseaux peuvent relâcher.

Remise, *masc.* carrosse qui se loue au mois, au jour, etc. ; — *fém.* lieu pour mettre les voitures à couvert ; délai, diminution.

Scolie, *masc.* en géométrie, remarque relative à une proposition précédente ; — *fém.* note pour servir à l'intelligence d'un auteur classique.

Solde, *masc.* différence entre le débit et le crédit d'un compte ; — *fém.* action de solder, paie des gens de guerre.

Somme, *masc.* repos causé par l'assoupissement ; — *fém.* charge, fardeau ; quantité d'argent.

Souris, *masc.* action de sourire, ris modeste ; — *fém.* quadrupède rongeur plus petit que le rat.

Statuaire, *masc.* sculpteur qui fait des statues ; — *fém.* art de faire des statues.

Tonique, *masc.* remède qui excite lentement l'action vitale ; — *fém.* terme de musique, note fondamentale d'un ton ou d'un mode.

Tour, *masc.* mouvement circulaire, machine de tourneur, trait d'habileté ; — *fém.* bâtiment rond ou carré dont on flanquait autrefois les murailles.

Triomphe, *masc.* honneur, victoire, grand succès ; — *fém.* jeu de cartes.

Trompette, *masc.* celui qui sonne de cet instrument au régiment ; — *fém.* l'instrument lui-même.

Vague, *masc.* le milieu des airs ; quelque chose qui n'a rien de positif ; *fém.* immense ride sur la surface de la mer.

Vapeur, *masc.* vaisseau mu par la force de la vapeur ; — *fém.* liquide passé à l'état gazeux.

Vase, *masc.* ustensile pour mettre un liquide, des fleurs, etc. ; — *fém.* bourbe au fond d'un fossé, d'un étang, etc.

Voile, *masc.* ce qui couvre quelque chose, prétexte ; — *fém.* grande pièce de toile attachée aux vergues d'un vaisseau.

☞ Parmi les noms qui viennent d'être cités, il en est quelques-uns dont le double genre s'explique aisément. Ainsi *vapeur, trompette, loutre,* qui sont féminins, prennent le masculin quand on sous-entend devant eux les mots : *bateau mu par la..., musicien qui joue de la..., chapeau fait de poil de...* Le genre du mot *principal* passe au terme accessoire destiné à en tenir la place après que l'ellipse est faite. — Cette remarque peut, du reste, servir à expliquer le genre de beaucoup de substantifs dans notre langue.

§ 2. — Noms qui changent de genre en changeant de nombre.

Les noms qui offrent cette singularité sont au nombre de *six ;* et voici, pour chacun d'eux, les circonstances où il faut les employer au masculin et au féminin :

Amour.

Les prosateurs modernes le font presque tous du *masculin,* tant au singulier qu'au pluriel :

Et d'abord, plus on y songe, et mieux on s'explique son amour de mère, *cet amour* qui, pour elle, représentait *tous* les autres.

(Sainte-Beuve.)

Vous m'êtes plus cher que *tous* mes *amours* et que la vie même.

(J. Simon.)

Cependant, quand ce nom est employé *au pluriel* pour désigner l'*affection* d'un sexe pour l'autre, on peut aussi, à l'exemple de très-estimables auteurs, le mettre au *féminin :*

Le rossignol élève des concerts dans les bocages témoins de ses *premières amours.*

(Aimé Martin.)

Il n'y a d'*amours* survivant au tombeau que *celles* qui sont nées au berceau.

(Bernardin de Saint-Pierre.)

En poésie, il semble que l'on ait fait indifféremment usage de l'un ou de l'autre genre, selon les besoins de la mesure :

Il fallut oublier dans ses embrassements
Et mes *premiers amours* et mes premiers serments.

(Voltaire.)

Il est donc vrai, madame, et, selon ce discours,
L'hymen va succéder à vos *longues amours.*

(Racine.)

☞ Dans le cas où le mot *amour* vient après *de* ou *des* précédé de l'article *indéfini* ou d'un adjectif *singulier*, il faut adopter un *même* genre avant et après la préposition. On se garderait donc de dire, par exemple, sous prétexte que *amour* est masculin au singulier : Ce fut *le dernier* de ses *folles* amours ; la phrase ne serait correcte qu'avec *la dernière.*

Baisemain.

Il est *masculin* quand il signifie l'hommage qu'à l'époque féodale un vassal rendait à son seigneur en lui baisant la main.

Dans la suite, on supprima la cérémonie du *baise-main*.

(Chéruel.)

Mais il est *féminin* dans l'expression familière *à belles baise-mains,* qui signifie avec soumission, avec reconnaissance.

Délice. — Orgue.

Au nombre singulier, ces noms sont toujours du *masculin;* ainsi l'on écrit :

Quel délice de contempler les heureux que l'on fait !

(Boniface.)

L'*orgue divin* exhale un son religieux.

(Delille.)

Mais au pluriel, ils sont *féminins :*

Les *délices* du cœur sont plus *touchantes* que *celles* de l'esprit.

(Saint-Évremont.)

Les *premières orgues* qu'on ait *vues* en France furent *apportées* par des ambassadeurs de l'empereur Constantin Copronyme.

(*Trévoux.*)

Quand ces mots sont employés dans une *même* phrase, après *de* ou *des* précédé d'un article indéfini, on met le *masculin* partout. Il faut dire en conséquence :

Cet enfant est *un* de mes plus *grands délices.*

L'*orgue* de Saint-Denis est *un* des plus *beaux* qui soient en France.

Gent.

Quand ce nom est employé au singulier pour *espèce, race,* il est toujours *féminin.*

La gent trotte-menu s'en va chercher sa perte.

(La Fontaine.)

La gent qui porte le turban.

(Malherbe.)

Au pluriel, il est tantôt masculin et tantôt féminin.

Quand ce nom est précédé ou suivi de certains *déterminatifs* qui indiquent suffisamment qu'il ne peut être question que d'hommes, on met tous les adjectifs au *masculin :*

Les *seuls gens* de guerre ne sont pas *déguisés* de la sorte.
(PASCAL.)

Il y a tant de *faux gens* du monde.
(DUCLOS.)

C'est *un* de ces *gens* dont la tournure est équivoque, et en face *desquels* on ne se sent point à l'aise.
(Philarète CHASLES.)

Mais, dans le cas où de tels déterminatifs n'existent point, il faut distinguer entre les adjectifs qui suivent le mot *gens* et ceux qui le précèdent.

Les adjectifs qui *suivent* le mot *gens* doivent toujours être mis au *masculin;* ainsi on dit :

La fréquentation des *gens instruits* et *sensés* est toujours utile.
Comme ces *gens* sont *soupçonneux !*

Quant aux adjectifs qui précèdent le nom *gens*, ils veulent être au *féminin*, mais à la condition qu'ils le précèdent *immédiatement*, comme le montrent les exemples suivants :

C'est une satire éternelle contre les *vieilles gens* amoureux.
(Mme DE SÉVIGNÉ.)

Les *bonnes gens* sont tous bavards.
(GRESSET.)

Nous avons affaire à force fripons qui ont réfléchi ; à une foule de *petites gens* brutaux, ivrognes, voleurs.
(VOLTAIRE.)

Si les adjectifs qui précèdent le mot *gens* n'étaient pas placés *immédiatement* avant lui, ces adjectifs devraient se mettre au masculin, comme dans :

Oh ! qu'*heureux* sont les *gens* qui ne veulent pas souffrir l'injure d'être instruits en cette matière.
(PASCAL.)

Les *faux* honnêtes *gens* sont ceux qui déguisent leurs défauts aux autres et à eux-mêmes.
(LA ROCHEFOUCAULT.)

NOTA. Comme l'adjectif *tout*, employé avec l'*article*, ne peut jamais précéder immédiatement le nom *gens*, il en résulte que si cet adjectif est le *seul* qui accompagne ce substantif, il doit toujours rester au *masculin*, ce qui est rendu doublement sensible par ces vers :

Tous les *gens* gais ont le don précieux
De mettre en train *tous* les *gens* sérieux.
(VOLTAIRE.)

Si l'adjectif qui précède *gens* a une *même* consonnance pour les deux genres, on peut l'employer indifféremment au masculin ou au féminin :

Quels gens êtes-vous ? — *Quelles* gens nous sommes !

PAQUE.

Lorsque ce mot désigne la fête des chrétiens (alors on l'écrit au pluriel), il est du genre *masculin ;* ainsi l'on dit :

Pâques a été très-*haut* en 1859 : *il* est *tombé* le 24 avril.

Quand il signifie la fête des Juifs, il s'emploie au singulier et prend le genre *féminin*. On dirait par exemple :

J.-C. mourut après avoir célébré *sa trente-troisième* pâque.

Il est encore *féminin* dans *Pâques-fleuries,* pour désigner le dimanche des Rameaux ; dans *Pâques-closes*, le premier dimanche après Pâques ; et enfin dans *pâques,* signifiant communion pendant la quinzaine de Pâques.

SECTION II. — Des Noms ayant un seul genre.

Comme les noms ayant un genre unique sont de deux sortes, les noms *communs* ordinaires et les noms *géographiques*, cette section doit comprendre deux paragraphes.

§ 1er. — GENRE DES NOMS COMMUNS.

S'il est impossible de formuler des règles générales qui permettent, en toute occasion, de reconnaître au simple aspect d'un substantif français s'il est masculin ou féminin, il ne l'est pas d'en établir un certain nombre de particulières qui aplanissent singulièrement les difficultés de l'étude du genre.

Je viens donc proposer les suivantes, que je divise, pour plus de clarté, en deux catégories : Règles indépendantes de la terminaison et Règles qui sont fondées sur elle.

Règles indépendantes de la terminaison.

Voici ces règles réparties entre les deux genres :

Sont Masculins :

1° Tout nom simple ou composé qui désigne un homme, un animal mâle, ou encore un être imaginaire que l'on représente ordinairement sous une forme masculine :

Un auteur, *un* cheval, *un* génie, *le* diable, *un* garde-chasse, etc.

Mais les trois suivants font exception ; on dit : *la* sentinelle, *la* vedette, *une* estafette, quoique ces noms désignent des hommes.

2° Les noms de peuples, de sectes, de partis politiques, philosophiques, etc. :

Un Arabe, *le* Mormon, *un* optimiste, *un* janséniste, etc.

3° Les noms des métaux et des corps simples :

Le cuivre, *le* manganèse, *le* carbone, *le* chlore, etc.

4° Les noms des mois, des saisons et des jours :

Août est *chaud, un* automne *sec, le* lundi-gras, etc.

5° Les noms des poids et des mesures du système métrique :

Un are, *le* centiare, *un* stère, *le* litre, *le* gramme, etc.

6° Les noms des points cardinaux et des points collatéraux :

Le levant, *le* couchant, *le* nord, *le* sud-est, etc.

7° Les noms nouveaux des lettres de l'alphabet (quand on prononce *beu, deu, feu*. etc.) :

Un m, *le* f, *un* s, *un* x, etc.

8° Les noms des chiffres et ceux des notes de la musique :

Un quatre, *un* neuf, *le* sol, *un* mi, *un* fa dièse, etc.

9° Les noms des couleurs, tant simples que composés :

Le rouge, *le* gris, *un beau* vert-pomme, etc.

10° Les noms des langues, des patois, des dialectes :

Le français, *le* russe, *le* chinois, *le* provençal, *un* grec *pur*, etc.

11° Les noms latins qui désignent les prières, les psaumes, les hymnes :

Le Credo, *le* Pater, *un* Requiem, *un* Libera, etc.

12° Tous les mots, toutes les expressions qui se prennent substantivement :

Un mais, *le* parce que, *un* qu'en-dira-t-on, etc.

13° Généralement, tout nom composé qui, désignant une *chose*, n'est pas formé d'un *nom féminin*, précédé d'une *préposition* ou d'un *adjectif*. Ainsi, comme les mots suivants ne sont pas dans ce cas, on dit :

Un avant-goût, *un* casse-noisettes, *le* coq-à-l'âne, *le* coupe-gorge, *un* in-douze, etc.

Sont Féminins :

Les noms simples ou composés qui désignent des femmes, des animaux femelles, ou des êtres imaginaires qu'on représente sous une figure de femme :

Une fille, *une* bru, *la* jument, *la* poule, *une* fée, *une* sirène, etc.

Mais il y a exception à cette règle :

(*a*) Pour *beccard*, femelle du saumon, pour *tendron*, jeune fille, et pour *bas-bleu*, qui sont masculins.

(*b*) Pour *artiste, auteur, amateur, docteur, graveur, professeur, philosophe, poète, traducteur*, etc., qui, désignant généralement des hommes, n'ont pas de formes féminines quand ils doivent s'appilquer à des personnes de l'autre sexe.

Règles fondées sur la terminaison.

Pour établir méthodiquement ces règles, je distinguerai deux cas : dans le premier, le nom ne se terminera pas par *e* muet, et dans le second il aura cette finale.

Nota. Les règles que je viens de donner au § 1er sont absolues ; par conséquent, celles qui vont suivre ne peuvent s'appliquer qu'aux noms que les précédentes ne concernent pas.

1er Cas. — *Le nom ne finit pas par un* E *muet.*

Règle générale, tout nom qui ne se *termine pas* par un *e* muet est, le plus souvent, du *masculin*. Ainsi l'on dit :

Le rang, *le* corps, *le* camail, *le* matelas, *un* balai, *un* défi,
un emploi, *le* quinquina, etc.

Mais cette règle a plusieurs exceptions, c'est-à-dire que sont *féminins :*

1° Parmi les substantifs terminés par *deux* consonnes : *hart, part, dent, mort* et *mœurs*.

2° Parmi ceux que termine une *seule* consonne :

(*a*) Tous ceux en *aison, oison, ison,* comme : *maison, toison, prison, salaison,* etc.

(*b*) Tous ceux en *eur,* formés d'un adjectif, comme : *ampleur, grandeur, lourdeur,* qui viennent de *ample, grand, lourd.*

(*c*) Enfin ceux-ci : *iris, souris, vis, perdrix, — chaux, faux, — cuiller, mer, chair, — façon, leçon, — croix, noix, voix, fois, — main, faim, fin, — nef, paix, soif, cour, dot.*

3° Parmi ceux que termine une voyelle *autre* que *e* muet :

(*a*) D'abord tous les noms en *eté, ité, té,* qui sont formés d'un adjectif, comme *propreté, avidité, cherté,* etc., qui viennent de *propre, avide, cher,* etc.

(*b*) Puis les suivants de terminaisons diverses : *arnica, hédra, — eau, peau, albugo, — fourmi, merci, demi, — foi, loi, paroi, — glu, tribu* et *vertu.*

2[d] Cas. — *Le nom se termine par un E muet.*

La question du genre dans les noms qui finissent par *e* muet est, comme dans un autre ordre d'idées, la quadrature du cercle; il serait donc puéril d'en poursuivre une solution complète.

Mais est-ce à dire qu'on ne puisse donner *aucunes* règles aux étrangers pour les aider dans cette étude difficile?

Non, certes; et voici celles que je leur propose :

Sont Masculins :

1° Presque tous les noms qui finissent en *age, ége.* Ainsi l'on dit :

Le pavage, *le* sevrage, *le* solfége, *le* sacrilége, etc.

Il n'y a d'exception que pour *image, plage* et *allége.*

2° Tous les noms en *asme, isme,* sans exception. On dit :

Le cataplasme, *le* mécanisme, *un* spasme, *un* anévrisme, etc.

3° Généralement tous ceux en *aume, ôme, ome :*

Le chaume, *un* dôme, *le* polynôme, *un* tome, etc.

Mais il y a exception pour *paume* et *chrysocome.*

4° Tous ceux en *ate, it, ure,* désignant des composés chimiques :

Un sulfate, *le* phosphite, *un* carbure, etc,

5° Tous ceux à la finale *atoire.* Ainsi on dit :

Le laboratoire, *un* machicatoire, *le* purgatoire, etc.

Un seul mot fait exception : *échappatoire.*

6° Ceux qui ont les finales *ème, ême :*

Un épichérème, *le* diadême, *un* systême, *le* blasphême, etc.

Mais *crême* fait exception.

7° Ceux en *cide,* qui signifient le crime de celui qui tue :

Un homicide, *le* fratricide, *le* déicide, etc.

8° Les noms qui finissent en *gramme, graphe :*

Le monogramme, *un* programme, *le* pantographe, etc.

Trois noms font exception : *anagramme, épigramme, orthographe.*

9° Enfin ceux aux finales *gone, logue, mètre, pode* et *scope :*

Le polygone, *un* monologue, *le* baromètre, *le* lycopode, *un* horoscope, etc.

Sont Féminins :

1° Les substantifs en *ane, anne, ine, une*. Ainsi on dit :

La savane, *une* canne, *la* vaccine, *une* tribune, etc.

Un seul fait exception : *arcane.*

2° Ceux qui sont terminés par *ance, ence, ande, ende :*

La tempérance, *une* négligence, *la* houppelande, *une* prébende, etc.

Les deux suivants font exception : *multiplicande, dividende.*

3° Ceux en *aque, oque* et *ique* (dans les noms d'arts et de sciences) :

Une baraque, *une* salicoque, *la* dynamique, *la* dialectique, etc.

Font exception : *cloaque, zodiaque, colloque* et *soliloque.*

4° Ceux terminés en *ante, ente, ainte, einte :*

La plante, *la* pente, *une* complainte, *une* enceinte, etc.

5° Ceux qui finissent par *ote, otte, ute, utte :*

Une matelote, *la* grotte, *une* dispute, *une* cahutte, etc.

Sont exceptés : *antidote* et *parachute.*

6° Les noms terminés par *aine, eine, ène, êne, enne,* comme :

La haine, *une* haleine, *la* sentène, *une* gêne, *une* antienne, etc.

Mais il y a ici plusieurs exceptions : *domaine, chêne, frêne, ozène, pêne, phénomène, troène* et *renne.*

7° Ceux qui sont terminés par *aigne, eigne, ogne,* comme :

Une châtaigne, *une* empeigne, *la* trogne, *la* besogne, etc.

Un seul fait exception : *peigne.*

8° Ceux qui finissent par *ade, ude.* On dit :

La mascarade, *une* ruade, *la* plénitude, *la* rectitude, etc.

Deux noms font exception : *stade* et *grade.*

9° Ceux qui se terminent par *alle, elle :*

La malle, *une* selle, *une* dalle, *la* pimprenelle, etc.

Il faut excepter : *intervalle, libelle, vermicelle* et *violoncelle.*

10° Ceux aux terminaisons *ate, atte, aite, ète, ette :*

Une cantate, *une* baratte, *la* défaite, *une* planète, *la* silhouette, etc.

Font exception : *aromate, automate.*

11° Ceux en *ace, asse, aisse, èce, esse.* On dit :

Une rosace, *la* cuirasse, *une* abaisse, *la* pièce, *la* scélératesse, etc.

Un mot fait exception, c'est *espace.*

12° Ceux qui se terminent par *aille, eille, ouille, ille* (avec *ll* mouillés). Ainsi on dit :

La mitraille, *une* merveille, *la* rouille, *une* flotille, etc.

Il y a une seule exception : *quadrille.*

13° Ceux ayant l'une des finales *aie, ie, oue, ue :*

La futaie, *la* répartie, *une* roue, *une* battue, etc.

Plusieurs font exception : *parapluie, incendie, génie, périhélie.*

14° Les noms qui finissent par *ière, ure.* On dit :

Une glacière, *une* déchirure, *la* frontière, *une* coupure, etc.

Font exception les suivants : *cimetière, augure, murmure* et *parjure.*

15° Ceux qui ont l'une des finales *ampe, empe, ompe :*

La rampe, *une* détrempe, *la* trompe, etc.

Un seul fait exception : *hippocampe.*

16° Ceux qui finissent par *ase, aze, aise, èse :*

La paraphrase, *une* gaze, *la* punaise, *une* parenthèse, etc.

Mais il y a plusieurs exceptions : *gymnase, ukase, malaise, mésaise, dièse* et *diocèse.*

17° Ceux en *ée,* qui expriment une idée de contenance, ou qui ressemblent à des participes passés féminins :

Une brouettée, *une* panerée, *la* montée, *une* équipée, etc.

18° Les noms terminés par *euse, ose, ouse, use.* On dit :

La scabieuse, *une* métamorphose, *la* pelouse, *une* cornemuse, etc.

19° Ceux terminés par *eule, ole, oule.* Ainsi on dit :

La meule, *une* métropole, *la* semoule, etc.

Mais il y a exception pour : *alvéole, monopole, pétiole* (prononcez *cio*) et *pétrole.*

20° Les noms en *oire,* formés d'un verbe en *er,* en changeant cette dernière finale en la première :

La balançoire, *une* glissoire, *la* passoire, *une* avaloire, etc.

21° Ceux qui se terminent par *afe, affe, offe, ophe.* On dit :

Une agrafe, *la* pataraffe, *une* étoffe, *une* apostrophe, etc.

Il y a exception pour *parafe,* qui est masculin.

J'aurais pu donner beaucoup d'autres règles pour distinguer le genre des noms qui appartiennent à ce second cas ; mais comme elles auraient dû être accompagnées d'exceptions nombreuses qui les auraient rendues à peu près inutiles à mes lecteurs, j'ai cru bon de m'en tenir aux précédentes.

§ 2. — Genre des noms géographiques.

On n'a pas vu la question du genre sous toutes ses faces tant qu'on ne s'est pas occupé des noms géographiques. Il faut donc que je dise, pour terminer cette théorie, quels sont, parmi les noms de contrées, de villes, de cours d'eau et de montagnes, ceux qui sont masculins et ceux qui sont féminins.

Noms de contrées.

Les noms d'états, d'empires, de provinces, de royaumes sont toujours du *masculin*, quand leur terminaison *n'est pas* un *e* muet. Ainsi l'on dit :

Le Portugal, *le* Turkestan, *le* Poitou, *le* Wurtemberg, etc.

Quant à ceux qui se terminent par *e* muet, ils sont généralement du *féminin*. Ainsi nous disons :

La Russie, *la* Grèce, *la* Chine, *la* Suède, etc.

Mais cette règle n'est pas sans exceptions, car on dit : *le* Bengale, *le* Camboge, *le* Mexique.

Nota. Nous faisons *masculins* les noms des divisions de l'Angleterre; ainsi nous disons *le* Yorkshire, *le* Devonshire, *le* Berkshire, et cela, probablement à cause du mot *comté*, masculin en français, et traduit dans ces mots par la finale *shire*.

Noms de fleuves et de rivières.

On peut donner comme règle générale que les noms de fleuves et de rivières sont *masculins;* ainsi l'on dit :

Le Rhin, *le* Rio del Norte, *le* Tocantins, *le* Don, etc.

Mais il faut en excepter :

1° D'abord ceux en *a* (moins cependant le *Volga*); on dit : *la* Tornéa, *la* Guadiana, *la* Malouia, *la* Coanza, etc.

2° Puis les suivants : *la* Vistule, *la* Meuse, *la* Tamise, *la* Seine, *la* Loire, *la* Gironde, *la* Dordogne et *la* Garonne.

Noms de montagnes.

Comme ceux de fleuves, les noms de montagnes sont généralement *masculins :*

Le Vésuve, *le* Saint-Bernard, *le* Jura, *le* Pinde, etc.

Il faut excepter les noms pluriels suivants : les *Alpes,* les *Pyrénées,* les *Vosges,* les *Cévennes,* les *Ghattes,* les *Cordilières,* ainsi que tous ceux qui sont précédés du mot espagnol *sierra* (chaîne) : la *sierra Nevada,* la *sierra de los Membres,* etc.

Noms de villes.

Quand les noms de villes ne se terminent pas par un *e* muet, ils sont généralement du genre *masculin.* Ainsi on dit :

Paris est *beau,* Londres est plus *grand,* Pékin plus *populeux,* etc.

Mais il y a exception pour les quatre suivants : *Jérusalem, Sion, Ilion* et *Albion,* qui sont féminins.

Lorsque le nom d'une ville est employé pour *le peuple* qui l'habite, on fait ce nom du genre masculin. Ainsi on dirait :

Tout Rome fut *heureux* d'apprendre cette nouvelle.

Cependant, lorsque dans une phrase le même mot est répété et désigne dans une place la ville, et dans l'autre les habitants, le genre du nom de la *ville* semble prévaloir :

Rome n'est plus dans Rome, *elle* est toute où je suis.

(Corneille.)

☞ Il existe beaucoup de noms d'endroits, de villages, de villes, dont le genre n'est pas *décidé,* surtout parmi ceux qui s'emploient au pluriel. Quand les étrangers se trouveront en présence d'une semblable difficulté, ils se serviront, selon le sens, de l'une des expressions *le village de..., le bourg de..., la ville de...,* qui communiquera son genre à l'adjectif ou aux adjectifs de la phrase. C'est un stratagème auquel les Français eux-mêmes ne peuvent s'empêcher de recourir en pareil cas.

CHAPITRE II.

DU NOMBRE DANS LES NOMS.

J'aurai à parler ici de *quatre* choses : du nombre de certains noms communs, du nombre après les prépositions, du nombre dans les noms propres, et enfin du nombre dans les noms composés. De là autant de paragraphes.

§ 1er. — Du nombre de certains noms communs.

Il est certains noms communs qui, en raison des circonstances où ils se trouvent placés, offrent plus d'une difficulté relativement au nombre qui leur convient. Voici à ce sujet quelques observations qui pourront être utiles :

1° Après *l'un et l'autre*, le substantif veut toujours être au *singulier*, comme le montrent les exemples suivants :

> *L'un et l'autre rival*, s'arrêtant au passage,
> Se mesure des yeux, s'observe, s'envisage.
>
> (Boileau.)

> La Condamine a parcouru *l'un et l'autre hémisphère.*
>
> (Buffon.)

2° Lorsque *témoin* est mis en apposition, c'est-à-dire lorsqu'on peut le faire précéder de *étant, qui sont* ou *qui étaient*, etc., on l'écrit avec un *s*, dans le cas où il accompagne un nom pluriel :

> Les fils de Montézume, *témoins* de la désolation d'une auguste famille, pensaient à leurs propres malheurs.
>
> (Marmontel.)

Mais, quand on peut remplacer ce mot par *j'en donne pour preuve*, on le met au singulier, comme dans :

> La diction dépend de la grammaire, *témoin* les beaux vers de Corneille.
>
> (Voltaire.)

NOTA. Dans l'expression *prendre à témoin,* il est toujours invariable; et dans *prendre pour témoin,* il varie : Je vous prends *à témoin*, vous tous qui m'écoutez; messieurs, je vous prends *pour témoins* du serment que je fais.

3° Quand il s'agit d'un nom commun qui sert de *titre* à un livre, à une gravure, etc., on ne met *jamais* ce nom avec le signe du pluriel; on l'écrit seulement par une majuscule :

Trois *Arithmétique* de Bezout, — quatre *Grammaire des Grammaires,* — deux *Histoire de Paris,* par Dulaure, — deux *Mémorial de Saint-Hélène,* etc.

☞ Cependant, dans le cas où l'euphonie devrait être blessée, je conseillerais aux étrangers d'employer les mots *exemplaire, épreuve,* etc., et de dire, par exemple, avec M. Lévi Alvarès : Envoyez-moi trois *épreuves* du Cheval piaffant de Vernet, plutôt que : Envoyez-moi *trois Cheval* piaffant.

4° Quand le substantif *grâce* est employé dans le sens de *remercîment,* il se met généralement au pluriel s'il est accompagné du verbe *rendre :*

Et là, *rendant grâces* au ciel, il tombe dans l'accablement.

(MARMONTEL.)

Mais dans les autres cas il reste au singulier :

Nous n'avons plus, *grâce* à Dieu, à combattre de tels adversaires.

(Jules SIMON.)

5° Quand un substantif vient immédiatement après *tout* ou *toute,* signifiant *chaque, quelconque,* il se met toujours au *singulier :*

En *toute chose* il faut considérer la fin.

(LA FONTAINE.)

La sotte gloire est de *tout pays.*

(Mme DE SÉVIGNÉ.)

Mais quand *tout* exprime la *totalité*, le substantif veut le *pluriel :*

En *tous pays,* tous les bons cœurs sont frères.

(FLORIAN.)

Les agresseurs en *tous genres* ont tort devant Dieu et devant les hommes.

(VOLTAIRE.)

6° Lorsque deux ou plusieurs substantifs, *compléments* d'un verbe, sont précédés de la conjonction *ni* ou de la préposition *de*, ils se mettent au singulier ou au pluriel, selon le nombre qu'ils prendraient dans une phrase *affirmative*. Ainsi on écrit :

Le jeu est un gouffre qui n'a ni *fond* ni *rivage*,

parce qu'on dit d'un gouffre qu'il a *un fond, un rivage ;* mais on devrait écrire :

Les avares sont comme les mines d'or, qui ne produisent ni *fleurs* ni *feuillage*,

attendu qu'on dit d'un arbre, objet auquel on fait ici allusion, qu'il produit *des fleurs, du feuillage*.

7° L'adjectif *leur* se prononçant de même au pluriel qu'au singulier, il est souvent difficile de reconnaître le nombre auquel il faut employer le *substantif* qui le suit. Mais il y a un moyen de résoudre cette difficulté : mettez la phrase donnée à la *première personne* ou à la *seconde*, et, suivant que cette tournure demandera *notre* ou *nos*, *votre* ou *vos*, vous emploierez le singulier ou le pluriel. Ainsi dans les phrases suivantes :

La plupart des hommes emploient la première partie de *leur vie* à rendre l'autre misérable.

(La Bruyère.)

L'aigreur et l'opiniâtreté des femmes ne font qu'augmenter leurs maux et les mauvais procédés de *leurs maris*.

(J.-J. Rousseau.)

Si les paroles du chef leur plaisaient, ils y applaudissaient en frappant leurs boucliers de leurs framées ; sinon ils étouffaient sa voix par *leurs murmures*.

(Chéruel.)

on trouve *leur vie, leurs maris, leurs murmures,* parce que si l'on tournait par la *première* personne, par exemple, on dirait : ... la première partie *de notre* vie... les mauvais procédés *de nos* maris... nous étouffions sa voix par *nos murmures*.

§ 2. — Du nombre après les prépositions.

Les substantifs venant après les prépositions demandent tantôt le singulier et tantôt le pluriel ; mais c'est seulement le *sens* qui peut indiquer dans quels cas on doit employer l'un plutôt que l'autre. Ainsi on trouve au singulier :

> Sardanapale, si fameux par son abandon aux voluptés, fut le premier qui fit usage de lits *de plume.*
>
> (Sallentin.)

> La pensée d'une Providence conduit le sage *de découverte en découverte.*
>
> (Aimé Martin.)

> Les plus grands courants d'eau vive qu'il y ait dans le monde sortent tous de montagnes *à glace.*
>
> (Bernardin de Saint-Pierre.)

parce que *lits de plume* signifie lits faits avec de *la plume;* de *découverte en découverte,* d'une *découverte* à une autre *découverte; montagnes à glace,* montagnes où se forme *de la glace.*

Mais on trouve écrits au pluriel les substantifs compléments d'une préposition dans les phrases suivantes :

> Quelques fabricants distinguent jusqu'à neuf espèces *de chiffons.*
>
> (Desmarets.)

> La gloire remplit le monde *de vertus,* et, comme un soleil bienfaisant, elle couvre toute la terre *de fleurs* et *de fruits.*
>
> (Vauvenargues.)

> Comme nous, les anciens avaient plusieurs espèces *de vins.*
>
> (*Encyclopédie.*)

> Guillaume-le-Conquérant avait traité les Anglais *en esclaves* qu'il ne craignait pas.
>
> (Voltaire.)

attendu que cela signifie : *des chiffons* de neuf espèces,... le monde de plusieurs *vertus* différentes,... toute la terre avec *des fleurs* et *des fruits,*... des *vins* de plusieurs espèces,... traité les Anglais comme *des esclaves.*

On trouve dans certains auteurs : *par moment, par degré, par intervalle*, avec le singulier; mais généralement on fait usage du pluriel :

> Et je sens *par moments* sur mon âme calmée
> Passer avec le son une brise embaumée.
>
> (De Lamartine.)

> J'approchai *par degrés* de l'oracle des rois.
>
> (Racine.)

Le substantif *cendre* s'écrit aussi avec le signe du pluriel après la préposition *en :*

> Troie est *en cendres*, il est vrai; mais il vaudrait mieux pour les Grecs qu'elle fût encore dans toute sa gloire.
>
> (Fénelon.)

On met ordinairement le pluriel au substantif *couche* dans l'expression *en couches :*

> On ne doit jamais placer des fleurs ou aucune odeur près des femmes *en couches*, ni près des malades.
>
> (*Encyclopédie moderne.*)

Mais il faut croire qu'on peut aussi faire usage du singulier, puisqu'on dit d'une femme que *sa couche* a été bonne, mauvaise.

☞ Cette question du nombre après les prépositions est quelquefois très-délicate. Ainsi mettez un *s* à *nombre* dans la phrase suivante de Pascal, et vous lui ferez exprimer une absurdité : « On voit à première vue que l'arithmétique fournit des principes sans *nombres*, et chaque science de même. »

§ 3. — Du nombre dans les noms propres.

J'estime que, pour être traitée complètement, la question du nombre dans les noms propres exige qu'on y examine *quatre* points : noms propres qui désignent des hommes, noms d'auteurs servant à désigner leurs ouvrages, noms propres servant de titres à des livres, à des tableaux, etc., et enfin noms propres géographiques.

Noms propres qui désignent des hommes.

Voici des règles pour les différents cas qui peuvent se présenter :

1° Lorsque le nom propre est employé par *emphase*, c'est-à-dire lorsque le pluriel est dans la *forme* sans être dans la pensée, ce nom doit rester *invariable :*

Il n'y eut, en aucune province d'Italie, d'orateurs comme *les Démosthène, les Périclès, les Eschine.*

(VOLTAIRE.)

Ce qu'il y a de certain, c'est que les plus savants des hommes, *les Socrate, les Platon, les Newton,* en ont été aussi les plus religieux.

(Bernardin DE SAINT-PIERRE.)

2° Lorsque, par extension, les noms propres servent à désigner des personnes qui *ressemblent* par le talent, le génie, à celles qui ont porté ces noms, on les pluralise par l'addition d'un *s* ou d'un *x*, selon leur terminaison :

On aura beau faire et refaire cent fois la vie des rois, nous n'aurons plus de *Suétones.*

(J.-J. ROUSSEAU.)

Louis fit des *Boileaux*, Auguste des *Virgiles.*

(VOLTAIRE.)

☞ Cette règle, donnée par les grammairiens, n'a pas toujours été observée par les auteurs, tant s'en faut; mais cependant, je crois bon de la maintenir, attendu qu'elle fournit aux yeux (avantage qui n'est pas à dédaigner) le moyen de distinguer l'antonomase de l'emphase.

3° Si le nom propre désigne des individus appartenant à une race *royale,* à une maison illustre par sa noblesse ou dans les arts, on l'écrit au pluriel avec le signe de ce nombre :

Les pyramides d'Égypte s'en vont en poudre, et les graminées du temps des *Pharaons* subsistent encore.

(Bernardin DE SAINT-PIERRE.)

Des *Guises* cependant le rapide bonheur
Sur son abaissement élevait leur grandeur.

(VOLTAIRE.)

☞ Cette manière d'écrire est une imitation du latin, qui, dans tous les cas, employait la forme *plurielle* pour ces sortes de noms.

Mais, quand le nom propre désigne des individus appartenant à une famille qui n'est ni royale, ni princière, ni artiste, il reste *toujours* invariable, comme dans ces phrases :

Les deux *Corneille* se sont distingués dans la république des lettres; les deux *Cicéron* ne se sont pas également illustrés.

(Beauzée.)

L'Espagne s'honore d'avoir vu naître les deux *Sénèque*.

(Raynouard.)

4° Lorsqu'un nom propre, employé au pluriel, désigne des individus qui ne sont pas de la *même* famille, on le laisse *toujours* invariable. Ainsi on écrirait :

Si les *Robert* et les *William* sont nombreux en Angleterre, les *Leroy* et les *Martin* ne le sont pas moins en France.

Noms d'auteurs servant à désigner leurs ouvrages.

Quand on emploie le nom d'un écrivain pour désigner l'ensemble de ses œuvres; celui d'un peintre, d'un graveur, pour un de ses ouvrages; celui d'un imprimeur pour les livres qu'il édite, on écrit *toujours* ces noms propres avec la marque du pluriel, quand ils sont employés à ce nombre :

A la vente de M. B... il y avait deux *Raphaëls* d'une rare beauté.

(Valerie.)

Les premiers *Plines* que possède la Bibliothèque du Roi sont d'une conservation parfaite.

(*Id.*)

M. Adry n'hésite pas à qualifier de faux *Elzévirs* les Mémoires de La Rochefoucault, Amsterdam, 1665.

(*Biographie universelle,*)

☞ Cette règle est très-logique; car, puisqu'on écrit des *barêmes*, des *calepins*, des *quinquets*, des *carcels*, etc., qui ne sont autre chose que les noms des inventeurs appliqués à leur invention, il faut, par analogie, écrire aussi avec *s* au pluriel les noms propres qui désignent des ouvrages par le nom de leurs auteurs.

Noms propres servant de titres à des livres, etc.

Ici les grammairiens sont loin d'être d'accord; mais voici ce qui me semble le plus généralement pratiqué : les noms propres qui servent de titres aux livres restent *invariables ;* ainsi l'on écrit :

Envoyez-moi deux *Télémaque,* deux *Don Quichotte* et trois douzaines d'*Athalie.*

Quant à ceux qui désignent des statues, on les met au *pluriel :*

Je ne présentai point d'offrandes à tous ces *Apollons* d'or et de marbre.

(FONTENELLE.)

Noms propres géographiques.

On écrit *variables* les suivants :

1° Ceux qui désignent deux ou plusieurs contrées, comme lorsqu'on dit :

Il a visité les deux *Amériques.* — Alexandre II est empereur de toutes les *Russies,* et Ferdinand II roi des *Deux-Siciles.*

2° Les noms de ville qui s'emploient pour dénommer un produit qui s'y fabrique (seulement ils perdent la majuscule) :

Voilà de beaux *tulles.* — La vente des *cachemires* s'est ralentie. — Ces *baréges* ne sont pas chers, etc.

Mais on laisse *invariables :*

1° Les noms de villes, villages, etc., employés pour désigner des villes, des villages qui ressemblent à ceux qui portent ces noms, comme dans :

Marseille va être entourée bientôt d'une foule de Versailles, de *Marly,* de *Saint-Cloud* en miniature.

(Théop. GAUTHIER.)

2° Ceux qui, dans la langue des affaires, désignent des *actions* engagées dans telle ou telle entreprise. Ainsi on écrit :

J'ai fait acheter quatre *Rive-Droite.* — Les *Rouen* et les *Nord* ont baissé, tandis que les *Strasbourg* sont restés stationnaires.

§ 4. — DU NOMBRE DANS LES NOMS COMPOSÉS.

Parmi les diverses espèces de mots qui concourent à la formation d'un nom composé (dont les parties sont unies par un trait d'union), il n'y a que le *substantif* et l'*adjectif* qui soient variables.

Mais ces derniers sont loin de régler leur orthographe sur le *nombre* des noms composés eux-mêmes; car ils varient quelquefois quand ceux-ci sont au singulier, et souvent ils restent invariables quand les noms composés sont au pluriel.

Pour résoudre aussi clairement que possible la question ardue qui se pose ici, je vais d'abord dire quels sont les noms composés *exclus* de toute variabilité; ensuite j'étudierai *le reste,* où je considérerai successivement ceux qui ne renferment qu'*un* élément variable et ceux qui en renferment *deux.*

Noms composés exclus de toute variabilité.

Sont toujours *invariables,* et cela dans *tous* leurs éléments, les noms composés qui suivent :

1° Les onomatopées (mots imitatifs), qui s'écrivent encore avec un trait d'union :

Des *cric-crac,* des *cri-cri,* des *crin-crin,* des *tic-tac,* des *zig-zag,* etc.

Nota. Ceux de ces noms qui ne prennent pas de trait d'union se pluralisent comme les noms communs ordinaires; on écrit : des *glouglous,* des *tamtams,* etc.

2° Les noms composés de mots appartenant à une langue étrangère. Ainsi on écrit :

Des *auto-da-fe,* des *ex-voto,* des *pater-noster,* des *post-scriptum,* etc.

3° Tous ceux qui consistent en une phrase prise substantivement. Ainsi il faut écrire :

Les *qu'en dira-t-on,* les *sot-l'y-laisse,* des *boute-tout-cuire,* des *écoute-s'il-pleut,* des *pince-sans-rire,* des *qui-va-là,* etc.

4° Enfin, ceux dont les éléments sont ou des verbes, ou des mots qui ne varient pas en raison de leur nature ou de leur terminaison. Pour cela on écrit :

Des *laissez-passer,* des *après-demain,* des *mange-tout,* des *passe-partout,* des *vis-à-vis,* des *porte-voix,* etc.

Noms composés ayant un seul élément variable.

Voici les règles à suivre pour marquer convenablement le nombre dans ces noms :

1° Quand un nom composé est formé d'un *verbe* et d'un *substantif* complément de ce verbe, le substantif se met au singulier ou au pluriel, selon *le sens,* et non en considération du nombre de *l'article* qui peut précéder le nom composé.

Le seul moyen de reconnaître le nombre à employer, c'est de rétablir dans son entier *la phrase* dont le nom composé est en quelque sorte l'abrégé; et, selon que le substantif y doit paraître au singulier ou au pluriel, le mettre à l'un ou à l'autre nombre. En vertu de cette règle, on écrit :

Des *abat-faim*, gros morceaux de pain propres à abattre *la faim*.

Un *couvre-pieds*, petite couverture que l'on met sur *les pieds*.

Des *appuie-main,* baguettes dont les peintres se servent pour appuyer *la main* qui peint.

Un *chasse-mouches,* petit balai pour chasser *les mouches.*

Des *réveille-matin,* horloges qui réveillent *le matin,* de bonne heure.

☞ Beaucoup d'auteurs écrivent *appui*-main, *réveil*-matin, au lieu de *appuie, réveille;* mais, à mon avis, c'est une faute; car les noms composés où entrent ces éléments sont formés d'*un verbe* et d'*un nom*, comme il y en a tant d'autres dans la langue française. — Même observation pour des *gardes*-chasse, expliqué par des *gardes* de la chasse: l'analogie veut que l'on fasse de *garde* un verbe; il n'est substantif que lorsqu'il est suivi d'un adjectif, comme dans des *gardes-champêtres*, des *gardes-forestiers.*

2° Quand un nom composé est formé d'un *nom de nombre* et d'un *substantif,* celui-ci veut *toujours* être au pluriel, et le nom de nombre reste invariable :

Un *cent-Suisses*, un des cent *Suisses* de l'ancienne garde royale.

Un *cent-gardes*, un des cent *gardes* du palais de l'Empereur.

Nota. Nous avons deux adjectifs numéraux, *cent* et *vingt,* qui prennent quelquefois la marque du pluriel. J'en entretiendrai mes lecteurs à l'*Accord de l'adjectif avec le substantif.*

3° Si le mot invariable est la préposition *entre,* le mot variable veut être au pluriel, *quel que soit* le nombre du nom composé lui-même. On écrit :

Un *entre-côtes,* des *entre-nœuds,* un *entre-ponts,* des *entre-colonnes,* un *entre-filets* (petit article dans un journal).

Il y a exception pour *entre-sol,* qui ne prend de *s* que lorsqu'il s'écrit (ce qui est toujours permis) sans trait d'union : des *entresols.*

☞ Les étrangers rencontreront souvent le mot *entr'actes* écrit sans *s;* mais je les prie de faire bonne justice d'une orthographe condamnée par la raison et les meilleurs grammairiens.

4° Avec *toutes* les autres prépositions, la partie variable reste *au singulier,* quand le nom composé est au singulier, et elle se met *au pluriel* quand ce nom lui-même est au pluriel. Ainsi on écrit :

Une *arrière-pensée,*	pluriel : des *arrière-pensées.*
Une *après-soupée,*	— des *après-soupées.*
Un *co-associé,*	— des *co-associés.*
Une *avant-scène,*	— des *avant-scènes.*
Un *contre-poison,*	— des *contre-poisons.*

Noms composés renfermant deux éléments variables.

Ces noms peuvent se diviser en deux catégories : l'une renferme des noms formés d'un adjectif et d'un substantif, et l'autre, des noms formés de deux substantifs.

1re Catégorie. — *Un substantif et un adjectif.*

1° Ou l'adjectif qualifie le substantif, ou il se rapporte à un nom sous-entendu : dans le premier cas, il s'accorde avec le substantif *exprimé* dont le nom est formé ; dans le second, avec le substantif *sous-entendu.* Ainsi on écrit :

Un *chien-marin,*	pluriel : des *chiens-marins.*
Un *chat-huant,*	— des *chats-huants.*
Une *haute-cour,*	— des *hautes-cours.*
Un *cordon-bleu,*	— des *cordons-bleus.*

parce que les adjectifs *marins, huants, hautes, bleus,* qualifient les substantifs *chiens, chats, ponts* et *cordons*. Mais il faut écrire :

Un *blanc-seing*, pluriel : des *blanc-seings*.
Un *terre-plein*, — des *terre-pleins*.

attendu que le premier signifie des signatures en *blanc*, et le second, des endroits pleins de *terre*.

Nota. On écrit généralement des *chevau-légers*, sans *x*. Mais c'est encore là une bizarrerie. Si, pour la rectifier, il suffisait d'alléguer une grande autorité littéraire, je dirais que, dans un autographe qui se trouve à Londres, au British Museum, Voltaire orthographie : des *chevaux-légers*.

2° Quand le nom composé renferme l'un des adjectifs *demi, semi*, le substantif varie quand le nom composé est au *pluriel*, mais l'adjectif ne varie jamais. Écrivez donc :

Des *demi-lunes*, des *semi-tons*, des *demi-fortunes*, des *semi-preuves*, des *demi-dieux*, etc.

2de Catégorie. — *Deux substantifs.*

1° Quand les substantifs sont unis par une *préposition*, le premier varie, *le plus souvent ;* mais le second dépend du sens. Ainsi l'on écrit :

Un *arc-en-ciel*, pluriel : des *arcs-en-ciel*.
Un *chef-d'œuvre*, — des *chefs-d'œuvre*.
Un *ver-à-soie*, — des *vers-à-soie*.

parce que l'analyse apprend que *arc, chef* et *ver* doivent être au pluriel. Mais on doit écrire :

Un *haut-de-chausses*, pl. : des *hauts-de-chausses*.
Un *char-à-bancs*, — des *chars-à-bancs*.
Un *bachelier-ès-lettres*, — des *bacheliers-ès-lettres*.

avec les noms *chausses, bancs, lettres* au pluriel, même dans le nom composé au *singulier*, attendu qu'il s'agit ici toujours de plusieurs *chausses*, de plusieurs *bancs*, de plusieurs *lettres*.

☞ La particule *ès* est une ancienne forme contractée, mise pour *en les ;* ceci explique pourquoi elle prend toujours le pluriel après elle.

Mais cette règle a trois exceptions. On écrit : des *coq-à-l'âne*, discours sans suite, comme si l'on passait d'un *coq* à un *âne*; — des *pied-à-terre*, petits logements où l'on ne fait, pour ainsi dire, que mettre le *pied à terre*; — des *tête-à-tête*, entretiens familiers de deux personnes qui sont *tête à tête*.

2° Lorsqu'*aucune* préposition n'unit les substantifs, ils varient tous deux aux conditions suivantes :

(*a*) Si l'un sert de qualificatif à l'autre, comme dans :

Un *chou-rave*,	pluriel :	des *choux-raves*.
Un *chef-lieu*,	—	des *chefs-lieux*.
Un *navire-école*,	—	des *navires-écoles*.
Un *concert-monstre*,	—	des *concerts-monstres*.

(*b*) Quand le premier est un *nom de titre*, comme *messire*, *dame*, *reine*, etc.

Un *messire-jean*,	pluriel :	des *messires-jeans*.
Une *dame-jeanne*,	—	des *dames-jeannes*.
Une *reine-claude*,	—	des *reines-claudes*.

3° Mais, si l'on peut mettre la préposition *de* entre les deux substantifs, le *régime* de cette préposition ne doit jamais prendre le signe du pluriel. On écrit, en conséquence :

Un *bain-marie*,	pluriel :	des *bains-marie*.
Une *Fête-Dieu*,	—	des *Fêtes-Dieu*.
Un *timbre-poste*,	—	des *timbres-poste*.

parce que ces mots signifient des *bains de Marie*, des *fêtes de Dieu*, des *timbres de la poste*, etc.

Nota. Quand un nom composé commence par *mi*, qui est employé pour *moitié de*, ce nom reste invariable; ainsi on écrit : des *mi-août*, des *mi-janvier*, des *mi-carême*.

CHAPITRE III.

DE L'ACCORD DE L'ADJECTIF AVEC LE SUBSTANTIF.

Comme il y a deux sortes d'adjectifs, les *qualificatifs* et les *déterminatifs,* ce chapitre comprendra naturellement deux sections :

SECTION Ire. — Des adjectifs qualificatifs.

Les adjectifs qualificatifs peuvent se rapporter tantôt à *un* seul substantif, tantôt à *plusieurs;* la question de leur accord, pour être complètement résolue, exige donc un examen fait dans cette double hypothèse.

NOTA. Dans la théorie qui va suivre, il pourra être donné des exemples contenant un *participe passé* conjugué avec l'auxiliaire *être,* parce que les règles de l'adjectif qualificatif et du participe passé sont, dans ce cas, parfaitement identiques.

§ 1er. — DES ADJECTIFS QUALIFIANT UN SEUL NOM OU PRONOM.

Le qualificatif, règle générale, prend le genre et le nombre du substantif ou pronom auquel il se rapporte; mais cette règle offre des exceptions et des difficultés d'application, que je me propose d'examiner dans le présent paragraphe.

Qualificatifs se rapportant à certains pronoms.

Les adjectifs qualificatifs qui se rapportent aux pronoms suivants font, en quelque sorte, exception à la règle qui vient d'être énoncée.

NOUS.

Quand ce pronom est employé par un auteur, un magistrat, une autorité quelconque qui *parle de soi,* on met au *singulier* l'adjectif qui s'y rapporte, et au *masculin* ou au *féminin*, selon qu'il s'agit d'un homme ou d'une femme :

Nous ne nous sommes pas *cru* dans l'obligation de commencer par examiner si l'on doit instruire le peuple.

(NAVILLE.)

Nous sommes trop *persuadée* du peu d'intérêt qu'offrent ces Mémoires pour croire qu'ils méritent jamais l'attention de personne.

(Mme DE P.)

VOUS.

Employé par politesse au lieu de *tu*, ce pronom veut aussi son adjectif au *singulier*, et tantôt masculin, tantôt féminin, selon que l'on parle à un homme ou à une femme. Ainsi on dirait :

Vous serez *heureux*, monsieur, si vous vous tirez de là.

Vous pouvez être *certaine*, madame, que je ne désire rien tant que de vous être agréable.

PERSONNE.

Lorsqu'il est évident, par le sens de la phrase, que ce mot s'applique à une *femme*, on met son adjectif au *féminin*, quoique généralement il veuille le masculin :

Personne n'est ni plus *coquette* ni plus *jolie* que cette demoiselle.

(BONIFACE.)

QUICONQUE.

Comme le précédent, ce nom veut son adjectif au *féminin* quand il est évident qu'il ne peut, dans la phrase donnée, se rapporter qu'à une femme :

Quiconque est vraiment mère n'est plus *coquette*.

(BONIFACE.)

Mesdames, *quiconque* de vous sera assez *hardie* pour médire de moi, je l'en ferai repentir.

(*Académie*.)

ON.

Le plus souvent, ce pronom veut son adjectif au masculin singulier, parce qu'il signifie *homme*, d'après son étymologie ; mais il est des cas où il s'applique à *des hommes*, et d'autres où il s'applique à *des femmes*. Alors l'adjectif qui le qualifie est susceptible de tout genre et de tout nombre :

Le commencement et le déclin de l'amour se font sentir par l'embarras où l'*on* est de se trouver *seuls*.

(La Bruyère.)

Quand on a tout pour soi, que l'*on* est *fraîche* et *belle*,
S'attrister est bien fou.

(Molière.)

Quand on est *jeunes*, *riches* et *jolies* comme vous, Mesdames, on n'en est pas *réduites* à l'artifice.

(Diderot.)

Nota. Lorsque dans une phrase on remplace le mode personnel par l'infinitif, le pronom *on*, s'il est sujet de cette phrase, disparaît; mais l'accord de l'adjectif se fait comme auparavant. Ainsi J.-J. Rousseau a écrit : « C'est un enfer qu'un pareil mariage; il vaudrait mieux être *morts* qu'*unis* ainsi. » C'est qu'en effet, dans cette phrase, que *l'on fût* a été remplacé par *être*.

Adjectifs dont le rapport est difficile à déterminer.

Comme nous avons dans notre langue un certain nombre d'adjectifs qui offrent plus ou moins de difficultés relativement à la détermination du *mot* dont ils doivent recevoir le genre et le nombre, j'ai pensé que les remarques suivantes ne seraient pas inutiles aux étrangers.

Net.

Quand cet adjectif signifie *nettoyé, débarrassé, irréprochable*, il s'accorde avec le substantif qu'il accompagne. On dit :

Avoir les *mains nettes*, faire *maison nette*.

Mais, lorsqu'il veut dire *tous frais déduits*, et qu'il vient après un nom d'unité monétaire, il doit rester *invariable*. Vous écrirez :

Cette maison rapporte dix mille francs *net*.

Possible.

Cet adjectif varie lorsqu'il se rapporte au *substantif* après lequel il vient dans la phrase, comme dans :

On peut réduire à trois classes tous les *monstres possibles*.

(BUFFON.)

Dans tous les *mondes possibles*, le désir d'être agréable est une qualité du cœur.

(George SAND.)

Mais on doit laisser cet adjectif *invariable* quand, sans changer le sens de la phrase, on peut le faire précéder de *qu'il est* ou de *qu'il était*, et suivre d'un infinitif. Ainsi Fontenelle et De Ségur ont dû écrire :

Un conquérant, afin de perpétuer son nom, extermine le plus d'hommes *possible*.

Ils ne songent qu'à payer le moins d'impôts *possible*.

parce que ces phrases signifient : le plus d'hommes qu'il est *possible* d'en exterminer ;... le moins d'impôts qu'il est *possible* d'en payer.

PROCHE.

Lorsqu'il est précédé du verbe *être*, exprimé en sous-entendu, on peut écrire cet adjectif *variable* ou *invariable*, attendu qu'il peut être aussi bien remplacé par l'adjectif *voisin* que par la préposition *près* :

Les maisons qui sont *proches* de la rivière sont sujettes aux inondations.

(*Académie*.)

Les maisons qui sont *proche* de la ville.

(*Idem*.)

Mais, lorsqu'il vient après un *participe passé* ou un verbe autre que *être*, il faut laisser cet adjectif *invariable*, parce qu'alors il ne peut être suppléé que par la préposition *près* :

Les maisons que l'on a construites *proche* du mur d'enceinte.

(*Académie*.)

Une difficulté d'importance a fort embarrassé Tycho-Brahé et Képler, touchant les éclipses centrales de la lune, qui se font *proche* de l'équateur.

(Bernardin DE SAINT-PIERRE.)

Quitte.

Est-il suivi de la préposition *à* avec le sens de *au risque de,* ou bien entre-t-il dans l'expression *quitte à quitte,* cet adjectif doit rester *invariable :*

Quitte à nous en repentir, nous allons faire cette démarche.
Nous voilà *quitte à quitte.*

Dans toutes les autres circonstances, il s'accorde avec le *sujet* du verbe. Il faut écrire :

Après tout, nous en serons *quittes* pour cette démarche.

Adjectifs après avoir l'air.

L'expression *avoir l'air* a deux significations différentes auxquelles correspond une double orthographe.

Quand elle signifie avoir les *manières,* les *façons,* l'*attitude,* ce qui ne peut convenir qu'aux *personnes,* l'adjectif qui suit s'accorde avec le mot *air*, comme dans :

Cette personne a l'*air fier, hautain, dédaigneux, hagard,* etc. ;

et, lorsqu'elle veut dire avoir l'*apparence,* l'*extérieur,* ce qui peut s'appliquer aux personnes comme aux choses, l'adjectif s'accorde avec le *sujet* du verbe :

Cette robe a l'air bien *faite,* cette soupe a l'air *bonne,* cette femme a l'air *boiteuse, heureuse,* etc.

Nota. Quand il s'agit de personnes, il faut, pour que l'adjectif s'accorde avec *air*, qu'il exprime une qualité qui puisse se dire des *manières*, de l'*attitude*, etc., sans quoi il y aurait absurdité à faire cet accord. Ainsi, comme on ne peut pas dire que des manières sont *grosses*, qu'une attitude est *contente*, que des façons sont *prudentes*, on dira : Cette femme a l'air *grosse*, *contente*, *prudente*, etc.

Qualificatifs d'un nom tantôt variables et tantôt invariables.

Voici quels sont ces adjectifs : *demi, feu, franc* (de port), *grand, nu, plein, sauf, soi-disant, ci-joint* et *ci-inclus.* Quant à leur variabilité, elle dépend de leur *place* relativement au substantif. Ainsi :

1° Sont *invariables* ceux qui se trouvent *avant* l'article ou le déterminatif, ainsi que ceux qui *précèdent* un substantif qui n'est accompagné d'*aucun* article ni déterminatif. Il faut écrire :

Vous recevrez *franc* de port toutes mes *lettres*.
Nous avons trouvé *ci-inclus* votre *réponse*.
Sauf votre *amitié* je sacrifierais tout.
Feu madame votre *épouse* était une personne accomplie.
Elles ont cueilli *plein* deux *paniers* de fraises.
Ces *demi-mesures* n'aboutiront à rien.
Saint Louis suivait *nu-pieds* l'étendard de la sainte Croix.
Vous trouverez *ci-joint copie* de ce document.

2° On écrit *variables* ceux qui se présentent *après* le substantif, ou *entre* celui-ci et le déterminatif qui peut l'accompagner :

Vous recevrez mes *lettres franches* de port.
Elle est revenue saine et *sauve*.
Défiez-vous de cette *morale soi-disante*.
Il est dix *heures* et *demie*.
Vous trouverez ma *demande ci-jointe*.
Ils ne possèdent que *la nue propriété* de ce bien.
Elle est partie avec *une pleine caisse* d'objets divers.
La feue reine était très-charitable.

NOTA. Quelquefois, lorsque le mot qui suit *feu* est attribut d'un substantif précédent, on supprime les mots *qui est la;* mais l'adjectif *feu* varie, comme si l'on n'avait pas fait d'ellipse. Ainsi il faudrait écrire : Toutes ces têtes ont été dessinées par la princesse royale, *feue* reine de Wurtemberg.

La règle précédente a quelques exceptions :

(*a*) Les adjectifs *demi* et *soi-disant* sont *toujours* invariables quand ils précèdent le substantif. On écrit : des *demi-mesures,* une *soi-disant bonne compagnie.*

(*b*) L'adjectif *grand* ne varie jamais devant *mère,* et il peut être laissé invariable devant les noms *féminins* suivants : *tante, messe, chambre, salle, pitié,* quand ils ne sont précédés ni de l'article indéfini *une,* ni d'un adjectif au superlatif.

Adjectifs employés adverbialement.

Tout adjectif employé accidentellement pour modifier un verbe, est par cela même *adverbe*, et doit par conséquent rester *invariable*. Ainsi on écrira :

Ces livres coûtent *cher*, ces femmes chantent *juste*, il faut trancher la difficulté *net*,

parce que les adjectifs *cher*, *juste* et *net* veulent dire *chèrement*, *avec justesse*, *avec netteté*.

Mais il n'est pas toujours aussi facile de reconnaître si un adjectif placé auprès d'un *verbe* doit être considéré comme un adverbe ; et, de là, nécessité de quelques observations à ce sujet :

1° Dans l'expression *marcher droit*, on mettra *droit* variable si l'on entend parler de la rectitude du corps, comme lorsqu'on dit :

Enfants, pourquoi penchez-vous ainsi la tête ? Contractez donc l'habitude de marcher *droits* ;

et, si *droit* signifie *en droite ligne*, au propre comme au figuré, il est adverbe, et l'on doit écrire, par exemple :

Mesdames, marchez *droit* devant vous, et vous trouverez, etc.

2° L'adjectif *fort*, dans *avoir fort envie*, est *invariable* quand il n'est pas précédé de *une*, *la plus* :

Elle avait *fort* envie de se plaindre.
(George SAND.)

Voilà bien des nouvelles ; j'ai *fort* envie de savoir des vôtres.
(Mme DE SÉVIGNÉ.)

Mais il faudrait dire et écrire : J'avais *une forte envie*, *la plus forte envie* de vous aller voir.

3° Dans *se faire fort de*, expression qui signifie *j'en réponds*, *je me flatte de réussir à...*, les uns veulent, et l'Académie est du nombre, que *fort* soit toujours *invariable*, et, par conséquent, que l'on dise et écrive :

Ces dames s'étaient fait *fort* de découvrir l'auteur de cette médisance
Ils se font *fort* de parcourir cet espace, etc.

Mais les autres le veulent *variable*, et, à l'appui de leur opinion, je trouve cette phrase dans un ouvrage de M. Vr Cousin :

N'est-ce pas au nom de ce principe que les fanatiques de toute sorte, se *faisant forts* de connaître les intérêts éternels de l'humanité, se sont portés à des actes abominables ?

☞ Je conseille aux étrangers de s'en tenir là-dessus à la règle d'invariabilité, qui a le double avantage d'être la plus généralement suivie, et d'une application plus facile.

4° Les adjectifs *bon* et *mauvais,* dans les expressions *trouver bon, trouver mauvais* suivies d'un substantif, doivent rester *invariables,* dit Lemarre, quand ces expressions signifient *approuver, désapprouver :*

J'ai trouvé *bon* la liberté que vous avez prise ; j'ai trouvé *mauvais* la réprimande que vous avez faite à mon fils.

NOTA. Quelle que soit l'autorité du susdit grammairien, j'ose croire qu'il serait infiniment plus régulier, pour la construction, de mettre *que* immédiatement après *bon* et *mauvais;* et tel semble être aussi l'avis de l'Académie, puisqu'elle ne fournit point d'exemples de la locution dont il s'agit.

5° Dans l'expression *tout grand ouvert,* l'adjectif *grand,* quoique adverbe, prend le *même* genre et le même nombre que *tout;* aussi un auteur moderne, comparant la fin du règne de Louis XIV au commencement de la Régence, dit-il :

C'est la différence d'une vie dépravée les fenêtres fermées, et les fenêtres toutes *grandes* ouvertes.

Adjectifs relatifs à la couleur.

1° Quand un adjectif exprimant la couleur est suivi d'un autre adjectif qui marque la *nuance* de cette couleur, ils restent tous les deux au *masculin singulier,* comme s'accordant avec le mot *ton* sous-entendu. Ainsi on écrit :

Des cheveux *châtain-clair,* des yeux *bleu-foncé,* des étoffes *rose-tendre*, etc.

2° Si l'adjectif est suivi d'un substantif, il s'accorde avec le mot *ton,* et le substantif reste invariable comme complément de la préposition *de :*

Des casaques *gris-perle,* des robes *bleu-pensée,* des vestes *vert-olive,* etc.

3° Lorsque *deux* adjectifs de couleur sont unis par la conjonction *et*, il semble que l'on puisse, à volonté, faire *accorder* ces adjectifs avec le substantif, ou les laisser *invariables* :

Leur fine gorgerette blanche, leur robe de tiretaine rayée, *rouge et blanche*.

(Victor HUGO.)

Ils étaient vêtus tous quatre de robes mi-parties *jaune et blanc*, qui ne se distinguaient entre elles que par la nature de l'étoffe.

(*Idem.*)

4° Si un adjectif exprimant la couleur est joint par la conjonction *et* à un substantif de couleur qui ne peut se prendre adjectivement (voir plus bas), on laisse l'adjectif *invariable* :

Le tout, voûtes, piliers, murailles, chambranles, lambris, portes, statues, recouvert de haut en bas d'une splendide enluminure *bleu et or*.

(Victor HUGO.)

Noms de couleur pris adjectivement.

Tout nom de couleur employé *adjectivement* reste généralement *invariable*, parce qu'entre lui et le nom qualifié les mots *couleur de* sont toujours sous-entendus :

Les couleurs du grand casque sont *aurore*.

(Bernardin DE SAINT-PIERRE.)

La gorge et le dessous du corps étaient d'un blanc sale varié de taches *marron*.

(BUFFON.)

Le colibri à gorge *carmin* a quatre pouces et demi de longueur.

(*Idem.*)

Mais il y a exception pour les *sept* suivants, qui s'accordent tout-à-fait comme des adjectifs : *cramoisi, écarlate, mordoré, pourpre, violet, rose* et *amarante* :

Un homme vêtu d'une robe *violette* vint nous féliciter sur notre arrivée.

(VOLTAIRE.)

Les chanoines de N. D. étaient tous habillés de violet avec les parements *pourpres*.

(L'avocat BARBIER.)

Adjectifs composés.

Voici les règles de ces adjectifs, selon les éléments qui s'y rencontrent :

1° Tous les adjectifs composés formés d'une préposition, d'un adverbe ou d'un adjectif terminé par la voyelle *o* et d'un qualificatif ou d'un participe, varient à leur seconde partie *seulement*. Ainsi on écrit :

Il a plu l'*avant-dernière* nuit. — Voilà des gens *bien-disants*. — Les sciences *physico-mathématiques* sont en grand honneur.

2° Lorsque, entre les parties composantes, on peut mettre la conjonction *et*, ou d'autres mots au nombre desquels se trouvent le verbe *être*, on fait varier les *deux* adjectifs. Ainsi on écrit :

Des enfants *sourds-muets*, des oranges *aigres-douces*, des hommes *ivres-morts*, des enfants *morts-nés*, *premiers-nés ;*

parce qu'on peut dire : *sourds et muets*,... à la fois *aigres et douces*,... comme *morts* à force *d'être ivres*,... *morts* quand ils *sont nés*,... *les premiers* qui *sont nés*.

3° Quand l'un des composants peut se tourner par une expression *invariable*, on fait seulement accorder l'*autre*. Ainsi on écrit :

Des choux *clair-semés*, des enfants *court-vêtus*, des créatures *demi-mortes*, des habits *mi-partis*, des salles *semi-circulaires*,

parce que, dans ces adjectifs, *clair* est mis pour *clairement*, *court*, pour *courtement; demi* et *semi*, pour *à moitié ; mi*, pour *par la moitié*.

Exception. Les adjectifs *frais* et *nouveau* ne suivent pas cette règle; quand ils accompagnent un *adjectif* pluriel, masculin ou féminin, ils se mettent, quoique signifiant *nouvellement* et *fraîchement*, au même nombre que ce substantif. On écrit :

Les *nouveaux*-mariés, les *nouveaux*-nés ; des pêches-*fraîches* cueillies, des fleurs *fraîches*-écloses.

☞ J'ai signalé, page 130, n° 5, un cas où l'adjectif *grand* varie quoique étant adverbe ; en parlant de l'adjectif *tout* je montrerai un fait analogue, dû à la même cause euphonique.

§ 2. — Adjectifs qualifiant plus d'un substantif.

Les règles qui suivent donnent la solution des principaux cas qui peuvent se présenter :

1° Tout adjectif qualifiant *deux* ou *plusieurs* substantifs singuliers de même genre, unis ou non unis par la conjonction *et*, se met au *pluriel*, et au même genre que ces noms :

Avec une gradation lente et ménagée on rend l'*homme* et l'*enfant intrépides* à tout.

(J.-J. Rousseau.)

J'ai remarqué sur plusieurs personnes qui avaient l'*oreille* et la *voix fausses*, qu'elles entendaient mieux d'une oreille que d'une autre.

(Buffon.)

2° Si les noms qualifiés sont de *différents* genres, le qualificatif se met au pluriel *masculin*, qu'il précède ou qu'il suive immédiatement les substantifs :

L'*ordre* et l'*utilité publics* ne peuvent être le fruit du crime.

(Massillon.)

L'orgueil aveugle se suppose une *grandeur* et un *mérite démesurés*.

(De Ségur.)

Mais ces règles ont des exceptions :

(*a*) Beaucoup d'auteurs, sous-entendant l'adjectif après le *premier* substantif, le font accorder avec le second, comme dans :

Armez-vous d'un *courage* et d'une *foi nouvelle*.

(Racine.)

Nous savons qu'il y a du *bien* et du *mal moral*.

(V[r] Cousin.)

On doit éviter les *mots* et les *actions défendues*.

(Voltaire.)

(*b*) Quand les substantifs sont *synonymes*, ou s'ils forment une *gradation*, on fait accorder aussi l'adjectif avec le dernier :

Toute sa vie n'a été qu'un *travail*, qu'une *occupation continuelle*.

(Massillon.)

Il honora les lettres de cet *attachement*, de cette *protection capable* de les faire fleurir.

(Domergue.)

3° Lorsqu'un adjectif est précédé de deux substantifs unis par la conjonction *ou*, il s'accorde avec le *dernier* si cette conjonction a le sens *exclusif* :

Ils obtinrent l'*estime ou* la *confiance publique*.

(BARTHÉLEMY.)

C'est une *aire ou* un *plancher* tout *plat* comme celui du grand aigle.

(BUFFON.)

Mais, si *ou* a le sens *alternatif*, l'adjectif se met au *pluriel*, en suivant les règles du genre, comme dans ces phrases :

Les Samoïèdes se nourrissent de *chair ou* de *poisson crus*.

(BUFFON.)

Quel est le bon père de famille qui ne gémisse de voir son *fils ou* sa *fille perdus* pour la société.

(J.-J. ROUSSEAU.)

4° Quand un adjectif est précédé de deux noms unis par *comme, de même que, ainsi que, aussi bien que, non plus que*, ou par la préposition *avec*, on le fait accorder avec le *premier*, si l'on veut exprimer une *comparaison*, ou indiquer le *moyen* employé pour faire une chose :

L'autruche a la *tête, ainsi que* le cou, *garnie* de duvet.

(BUFFON.)

La *vérité, comme* la lumière, est *inaltérable, immortelle*.

(Bernardin DE SAINT-PIERRE.)

Mais, si l'on veut indiquer une *simultanéité* d'action, une *identité* d'état, on met l'adjectif au pluriel, comme dans ces exemples :

Dans l'Égypte, dans l'Asie et dans la Grèce, *Bacchus ainsi qu'Hercule* étaient *reconnus* pour demi-dieux.

(VOLTAIRE.)

Bertrand avec Raton, l'un singe et l'autre chat,
Commensaux d'un logis, avaient un commun maître.

(LA FONTAINE.)

5° Lorsqu'un adjectif vient après *deux* substantifs unis par la préposition *de*, cet adjectif, que le premier soit collectif ou non, s'accorde, selon *le sens,* avec le premier ou avec le second. Ainsi on trouve :

Le roi d'Égypte était suivi de deux mille prêtres vêtus de *robes de lin* plus *blanches* que la neige.

(VOLTAIRE.)

On a trouvé une *partie du pain mangée.*

(BONIFACE.)

phrases dans lesquelles l'adjectif s'accorde avec le *premier* substantif ; tandis que dans les suivantes, le sens réclame l'accord avec le *complément* de la préposition :

Une troupe de *singes vêtus* à l'espagnole.

(VERTOT.)

On a distribué une partie du *pain destiné* aux pauvres.

(BONIFACE.)

SECTION II. — Des Adjectifs déterminatifs.

Il n'y a que deux espèces de déterminatifs qui puissent offrir des difficultés pour l'orthographe d'accord : les adjectifs *numéraux* et les adjectifs *indéfinis.*

§ 1er. — DES ADJECTIFS NUMÉRAUX.

Les adjectifs numéraux *ordinaux* s'accordent en genre et en nombre comme les qualificatifs, quand ils accompagnent un substantif ou qu'ils sont pris substantivement :

Le monarque se fortifia sous les murs de Dieppe, résolu d'y soutenir les *premiers* efforts de l'ennemi.

(ANQUETIL.)

Le nombre moyen des morts pendant cinq années est de soixante-quinze et trois *cinquièmes.*

(BUFFON.)

Quant aux adjectifs numéraux *cardinaux,* ils donnent lieu aux remarques suivantes :

1° Ceux qui sont employés *substantivement,* c'est-à-dire qui sont suivis de la préposition *de*, se mettent au *pluriel* comme les substantifs :

Diodore, au livre premier, dit que l'Égypte avait eu jusqu'à sept *millions d'*habitants.

(VOLTAIRE.)

Deux *cents de* foin, trois *cents de* paille.

(*Académie.*)

NOTA. Les noms de nombre qui, sans servir à compter, expriment, comme *douzaine*, *millier*, *milliard*, etc., des quantités numériques, sont aussi assimilés aux substantifs pour la variabilité. Ainsi on écrit : deux *douzaines* d'œufs, trois *milliers* de foin, cette dette est de plusieurs *milliards*.

2° Lorsque *vingt* et *cent* signifiant *vingtaine*, *centaine*, sont multipliés par un autre nom de nombre, on leur donne la marque du pluriel (*s*) s'ils *ne sont pas* suivis d'un autre adjectif cardinal :

Il représenta qu'il s'était trouvé dans *six-vingts* combats.

(VERTOT.)

Parmi les honoraires qui m'étaient dus et que je n'avais pas demandés, on m'apporta chez moi *douze cents* francs.

(J.-J. ROUSSEAU.)

Mais on doit les écrire *invariables* quand ils sont suivis d'un *autre* adjectif numéral, comme dans les phrases que voici :

André Doria, un des meilleurs marins de son siècle, vécut jusqu'à *quatre-vingt-quatorze* ans.

Quand la république fut proclamée en France, la monarchie y avait existé *treize cent-onze* ans.

3° Quand *vingt* et *cent* sont employés pour *vingtième* et *centième*, ils ne prennent *jamais* non plus la marque du pluriel. Ainsi on doit écrire :

Il a le numéro *quatre-vingt*. — Vous trouvez cette note à la page *trois cent*. — Cela se passait en l'an *huit cent*.

4° Les autres adjectifs de nombre, à l'exception de *un*, qui s'accorde toujours en genre avec le substantif suivant, exprimé ou sous-entendu, sont *tous* invariables :

La commission des *Neuf* n'en continua pas moins ses travaux.

(THIERS.)

Qui es-tu ? — Je suis le geôlier, le valet des *Onze*.

(Bernardin de Saint-Pierre.)

Il y a deux *mille* ans que l'on écrit, et deux *mille* ans que l'on flatte.

(Thomas.)

Nota. Appliqué à la supputation des années, *mille*, sans être variable, a cependant une double orthographe : s'il est suivi d'un *autre* nom de nombre, et qu'il désigne une date *postérieure* à l'ère chrétienne, il s'écrit *mil*, en abrégé : Napoléon Ier fut élu empereur en *mil huit cent quatre*; mais dans *tous* les autres cas, il s'écrit en toutes lettres : l'an deux *mille* de la Création.

§ 2. — Des adjectifs indéfinis.

Sous le rapport de la variabilité, les adjectifs indéfinis peuvent se diviser en *deux* sortes : ceux qui restent toujours adjectifs et ceux qui sont tantôt adjectifs et tantôt adverbes.

Adjectifs indéfinis toujours adjectifs.

Parmi les huit adjectifs indéfinis qu'enregistrent les grammairiens, je ne vois que les *quatre* suivants qui puissent embarrasser les étrangers :

Aucun, Nul.

Quoique ces adjectifs soient *essentiellement* du nombre singulier, ils s'accordent cependant avec le substantif *pluriel* qui les suit, quand celui-ci est un de ces noms ou qui ne s'emploient qu'au *pluriel*, ou dont la signification est *autre* au pluriel qu'au singulier. On écrirait donc :

Aucuns appointements ou gages n'étaient attachés à son emploi.

Nulles troupes ne furent plus courageuses que les nôtres.

Quel.

Employé dans les interrogations et dans les exclamations, cet adjectif s'accorde comme un *simple* qualificatif avec les mots qui font l'objet de l'interrogation ou de l'exclamation :

Quels sont les *lieux*, les *temps*, les *images* chéries
Où se plaisaient le mieux ses douces rêveries ?

(Delille.)

Quelle sérénité se peint sur ton visage?

(FLORIAN.)

Suivi de *que* et d'un *verbe,* cet adjectif s'accorde toujours avec les mots *sujets* de ce verbe, et cela, en vertu des règles sur les qualificatifs (page 133 et suiv.) :

L'étude de l'histoire est la plus nécessaire aux hommes, *quels* que soient leur *âge* et la *carrière* à laquelle ils se destinent.

(DE SÉGUR.)

Cet homme, *quelle* que fût sa *fortune* ou son *mérite,* ne put réussir dans son entreprise.

(BONIFACE.)

☞ Dans cette dernière phrase, l'accord de *quel* avec *fortune* n'est qu'une contradiction *apparente* à la règle du qualificatif se rapportant à deux noms unis par *ou;* en effet, quelle que soit la place de l'adjectif relativement aux substantifs, il s'accorde toujours avec celui dont il est *le plus* rapproché.

TEL.

Quelquefois cet adjectif exprime une comparaison, et quelquefois il n'en exprime pas. Dans ce dernier cas, il s'accorde avec le substantif qui *le suit* ou dont il est séparé par le verbe *être.* On écrit :

Il n'y a plus de *tels monstres.*

Tels étaient *ces mets,* qui n'avaient d'autre mérite que d'avoir coûté fort cher.

Mais, dans les comparaisons (et alors il est suivi de *que*), il s'accorde *toujours* avec le *sujet* (nominatif) de la proposition principale, et jamais avec le substantif qui suit *que,* à moins que ce substantif ne désigne le même être que le sujet du verbe :

Telle qu'un palais désert, une *âme* vide de réflexion dépérit de jour en jour.

(VAUVENARGUES.)

Hormis dans les repas,
Tel qu'une nonne, *il* ne déparlait pas.

(GRESSET.)

Adjectifs indéfinis tantôt adjectifs et tantôt adverbes.

Ces mots sont au nombre de trois : *même, quelque* et *tout.* Adjectifs, ils s'accordent comme les qualificatifs; adverbes, ils restent invariables. Mais quand sont-ils adjectifs et quand sont-ils adverbes?

C'est la question qu'il faut résoudre ici pour chacun d'eux.

Même.

Le mot *même* est adjectif, c'est-à-dire *variable,* quand on peut le tourner par *pareil, semblable,* comme dans :

> Le peuple ni les grands n'ont ni les *mêmes* devoirs, ni les *mêmes* vertus.
>
> (Vauvenargues.)

Il en est de même quand il est joint à un *pronom* personnel ou à un *substantif* pour former un pléonasme :

> Comment prétendons-nous qu'un autre garde notre secret, si nous ne pouvons le garder nous-*mêmes ?*
>
> (La Rochefoucault.)

> Les Grecs *mêmes* sont las de servir sa colère.
>
> (Racine.)

Mais ce mot est *adverbe* quand il exprime une idée d'*extension*, ce qui a lieu quand, sans rien changer au sens de la phrase, on peut le placer *entre* le verbe et le substantif ou le pronom qui *précède*. Ainsi dans les exemples suivants :

> Ainsi l'ont pensé quelques-uns *même* de ses défenseurs.
>
> (Guizot.)

> On fait souvent vanité des passions *même* les plus criminelles.
>
> (La Rochefoucault.)

> On sait que l'on va s'exposer à des fatigues, à des privations, à des ennuis, à des périls *même.*
>
> (Théoph. Gauthier.)

les auteurs ont écrit *même* invariable, parce qu'ils eussent pu dire : ainsi l'ont pensé *même* quelques-uns...; on fait souvent vanité *même* des passions..., on sait que l'on va s'exposer *même* à des périls, toutes expressions dans lesquelles *même* est bien véritablement adverbe.

☞ Je dois prévenir les étrangers qu'ils rencontreront souvent des phrases avec *même* variable dans le sens *extensif;* mais, de quelques respectables noms qu'elles se recommandent, il faut qu'ils les regardent comme renfermant une faute.

QUELQUE.

Toutes les fois qu'on peut remplacer *quelque* par un mot ou une expression variable, comme *des, certains, plusieurs, quel que soit,* il *s'accorde* avec le substantif qui le suit. Ainsi on trouve :

Si la loi est juste en général, il faut lui passer *quelques applications* particulières.

(FONTENELLE.)

Ce jeu recommençait, *quelques* grands *dangers* qu'elle eût déjà courus.

(POITEVIN, *cours de dict.*)

De *quelques* superbes *distinctions* que se flattent les hommes, ils ont tous une même origine.

(BOSSUET.)

parce qu'on pourrait dire : *certaines applications,... quels que soient les grands dangers,... quelles que soient les superbes distinctions...*

Mais lorsque *quelque* peut se tourner par *si, tant, quoique,* il est de nature adverbiale, et, comme tel, *invariable.* Voilà pourquoi il est écrit sans *s* dans les phrases suivantes :

Les jeux de hasard, *quelque* médiocres qu'ils paraissent, sont toujours chers et dangereux.

(Mme DE GENLIS.)

Pourquoi l'air et l'eau, *quelque* agités qu'ils soient, ne s'enflamment-ils pas ?

(Bernardin DE SAINT-PIERRE.)

Quelque bons traducteurs qu'ils soient, ils ne comprendront pas ce passage.

(BONIFACE.)

Placé avant un nom de nombre, il signifie *environ,* et reste également *invariable,* comme dans cette phrase :

Les ennemis ont tiré plus de neuf mille coups de canon, et nous, *quelque* cinq ou six mille.

(RACINE.)

NOTA. Si le nom de nombre après ***quelque*** était un de ceux qui varient, ***quelque*** signifierait alors ***plusieurs,*** et il prendrait la marque du pluriel. Il faudrait écrire : J'ai vendu ***quelques cents*** de paille et ***quelques milliers*** de foin.

Tout.

Quand le mot *tout* exprime une idée de *totalité*, ou encore qu'il peut se tourner par *chaque*, ou être suivi de l'article *les*, il est adjectif et s'*accorde* en genre et en nombre avec le substantif qui vient après lui :

Ils avaient calculé la mortalité sur des tables de Buffon, qui sont *toutes* établies sur des nombres pris dans *toutes* les classes et dans *tous* les âges d'une population.

(Brillat-Savarin.)

Toute autre place qu'un trône eût été indigne d'elle.

(Bossuet.)

Nota. Devant un nom féminin de ville, *tout* se met au *masculin singulier*, quand il s'agit de la ville comme *peuple*, ainsi que le montre cette phrase de De Ségur : « Lorsque *tout* Athènes tremblait et se taisait en présence de la garde du tyran Pysistrate, le vieux Solon seul la bravait et défendait la liberté mourante. »

Le mot *tout* est adverbe, c'est-à-dire *invariable*, quand il peut être remplacé par *quoique*, *entièrement*, *tout-à-fait*, *encore*, etc., comme dans :

Ce cœur qui n'a jamais vécu que pour lui, se réveille *tout* poudre qu'il est.

(Bossuet.)

Sous ces murs *tout* fumants dussé-je être écrasée,
Je ne trahirai point l'innocence accusée.

(Voltaire.)

Les sciences ne sont pas comme Minerve, qui sortit *tout* armée du cerveau de Jupiter.

(Brillat-Savarin.)

Je m'imaginais qu'un honnête homme devait songer à *tout* autre chose qu'à ce qu'on appelle philosophie.

(Racine.)

☞ Je ne saurais trop recommander aux étrangers de bien faire attention à l'orthographe de *tout* suivi de l'adjectif *autre*. Il y a des phrases qui diffèrent *entièrement* de sens, selon que *tout* y est écrit variable ou invariable, témoin celle-ci que j'emprunte à une lettre publiée dans le journal l'*Illustration* (année 1853) : « Et pourtant mon éducation est certes bien loin d'avoir été négligée; mais c'est qu'elle a porté sur *toute* autre chose que l'étude de notre langue française. » Mettez *toute*, comme l'imprimeur, et vous faites parler un homme qui a tout étudié, excepté la langue française; écrivez *tout*, et c'est le langage d'un homme dont les études avaient embrassé des branches *tout-à-fait* différentes de la langue française, ce qui est certainement le sens que voulait exprimer l'auteur de la lettre.

Exception. Quoique adverbe, lorsque *tout* est suivi d'un adjectif *féminin* qui commence par une *consonne* ou un *h* aspiré, il prend, le genre et le nombre de cet adjectif ou de ce substantif, comme le montrent ces exemples :

Les plaisanteries ne sont bonnes que quand elles sont servies *toutes chaudes*.

(VOLTAIRE.)

Cette jeune personne est *toute honteuse* de s'être exprimée comme elle l'a fait.

(*Académie*.)

Lorsque le mot *tout* est suivi d'un substantif et qu'on peut le traduire par *un composé de* ou par une expression équivalente, on le laisse généralement *invariable*, comme dans :

Ces gens sont défiants, ils sont *tout* yeux et *tout* oreilles.

(*Académie*.)

Le lion est *tout* nerfs et muscles.

(BUFFON.)

Cependant, lorsque ce mot se trouve entre deux *substantifs féminins*, on peut le mettre au *féminin* lui-même, ainsi que le montre la phrase suivante :

Leur main droite s'arrondissait comme la patte du chat qui tire les marrons du feu : leur *physionomie* était *toute jouissance*.

(BRILLAT-SAVARIN.)

CHAPITRE IV.

DE L'ACCORD DU PRONOM AVEC SON ANTÉCÉDENT.

Le pronom s'accorde généralement en genre et en nombre avec son *antécédent* (nom auquel il se rapporte). Mais cet antécédent n'est pas toujours facile à reconnaître, et de là des embarras pour l'orthographe.

Voici quelques règles qui permettront aux étrangers de résoudre les principales difficultés qu'ils pourraient rencontrer à ce sujet :

1° Le pronom *personnel* se met quelquefois au *pluriel* sans que l'antécédent soit à ce nombre dans la phrase ; et cela doit avoir lieu toutes les fois que le *même* substantif, si l'on n'employait pas de pronom, devrait prendre le nombre pluriel. Ainsi on trouve :

Le pirate grec qu'elle poursuivait lui a échappé. Il est entré dans une des anses inaccessibles de la côte, où *ils* se réfugient toujours en pareille rencontre.

(DE LAMARTINE.)

C'était *un fou,* en effet. Les Turcs *les* laissent vaguer, et *les* vénèrent comme des saints.

(Théoph. GAUTHIER.)

parce que, si l'on ne faisait pas usage des pronoms *ils* et *les* dans ces phrases, on y mettrait : *les pirates, les fous.*

2° Lorsque le pronom relatif *lequel* vient après deux ou plusieurs substantifs, soit unis par les conjonctions *et, ou,* soit synonymes ou employés par gradation, on le fait accorder en vertu des règles de l'adjectif qualificatif (voir pages 133 et suiv.) :

On connaît des *nations* entières et des *ordres* d'hommes *auxquels* la religion défend de manger de rien qui ait eu vie.

(BUFFON.)

Il montra un *courage* ou une *prudence à laquelle* on prodigua des éloges.

(Cité par NOEL et CHAPSAL.)

Louis XIV accorda aux savants et aux artistes *cette faveur, cette protection* sans *laquelle* les arts ne peuvent fleurir.

(*Idem.*)

3° Tout pronom venant après un *substantif* suivi d'un ou de deux autres mis en *apposition,* ne peut avoir pour antécédent ce dernier ou ces derniers, comme on le voit dans l'exemple suivant :

Deux génies bienfaisants, la religion et la philosophie, cherchent constamment à redresser sa marche ; il est éloigné d'*eux* par des spectres trompeurs qui prennent leur apparence.

(De Ségur.)

Ainsi il ne faudrait pas écrire, avec Eugène Sue :

Java ! ! où *le vampire,* chauve-souris gigantesque, pompe le sang des victimes dont *elle* prolonge le sommeil en les entourant d'un air frais et parfumé.

Cet auteur aurait dû dire : dont *il* prolonge, car c'est *vampire* qui est l'antécédent, et non *chauve-souris.*

4° Le pronom interrogatif *lequel,* suivi de la préposition *de* et d'un nom *pluriel,* prend ordinairement le *genre* de ce nom. Ainsi l'on écrit :

Laquelle de ces deux *villes* est la plus illustre, Athènes ou Rome ?

Mais, lorsque ce pronom est placé devant un *verbe* suivi de deux substantifs précédés chacun de la conjonction *ou,* il doit rester au *masculin singulier,* comme dans :

Lequel vaut mieux *ou* une ville superbe *ou* une campagne cultivée et fertile ?

(Fénelon.)

Dites-moi, de grâce, *lequel* vous aimez le mieux, *ou* de la loi Roscia, *ou* de cette chansonnette ?

(Binet.)

5° Quand l'expression *l'un et l'autre* vient après deux substantifs de genre *différent,* on met toujours le *premier* pronom au masculin :

Que ce soit *raison* ou *penchant,* ou peut-être l'*un* et l'autre.

(Féraud.)

6° Il ne faut pas confondre *leur* placé devant un verbe en qualité de régime indirect, avec *leur* adjectif qui précède un substantif; le premier reste *toujours* invariable :

> Seigneur, tous mes soldats refusent de partir :
> Pharnace les retient, Pharnace *leur* révèle
> Que vous cherchez à Rome une guerre nouvelle.
>
> (Racine.)

☞ Autrefois il était d'usage, comme actuellement encore en anglais, d'employer le *pluriel* pour un antécédent singulier exprimé par un collectif, témoin cette phrase de l'avocat Barbier : « Cela fait travailler très-utilement et avec grandeur, car la *noblesse* des provinces a grand besoin d'un pareil secours pour l'éducation de *leurs* enfants. » Mais aujourd'hui nous ne pouvons plus nous servir que du singulier.

7° Quand le pronom *le*, devant le verbe *être,* signifie *cela,* et tient la place d'un adjectif ou d'un substantif n'ayant avant lui *aucun* déterminatif, ce pronom reste toujours *invariable :*

> Ils sont faits pour être ridicules, et ils *le* sont, cela n'est pas étonnant.
>
> (Fontenelle.)

> Des gens d'honneur comme vous *l'*êtes ont déjà fait leurs preuves.
>
> (Philarète Chasles.)

> Je veux être *mère*, parce que je *le* suis, et c'est en vain que je ne *le* voudrais pas être.
>
> (Molière.)

Mais le pronom *le* doit varier, c'est-à-dire doit prendre les formes *la, les,* quand il remplace un nom propre ou un nom commun pris dans un sens *limité,* comme dans ces phrases :

> Êtes-vous *les trois Romains* qu'on a choisis pour le combat? — Nous *les* sommes.
>
> (Marmontel.)

> Si c'est effacer les sujets de haine que vous avez contre moi que de vous recevoir pour *ma fille*, je veux bien que vous *la* soyez.
>
> (Fontenelle.)

8° Lorsque le pronom *quelqu'un* est employé dans le sens de *quelque personne,* il se met toujours au masculin singulier :

Il est toujours *quelqu'un* qui cherche à nous trahir,
Et plus on est puissant, plus on se fait haïr.

(La Grange.)

Mais, suivi d'une préposition et d'un substantif, il s'accorde en *genre* avec ce substantif, et prend, selon *le sens*, le singulier ou le pluriel :

Il ne leur donna jamais la consolation de se réjouir de *quelqu'une* de ses *fautes*.

(Fléchier.)

☞ Beaucoup d'Anglais pèchent contre la première partie de cette règle. En parlant d'une femme, ils diront, par exemple : ***quelqu'une m'a raconté.*** C'est ***quelqu'un*** qu'il faut dire, puisque cela signifie ***quelque personne.***

9° Le pronom personnel qui se rapporte à *majesté* veut toujours être au *féminin*, soit que ce *titre* s'applique à un homme, soit qu'il s'applique à une femme :

Sire, répond l'agneau, que votre *majesté*
Ne se mette point en colère ;
Mais plutôt qu'*elle* considère
Que je me vas désaltérant
Dans le courant,
Plus de vingt pas au-dessous d'*elle*.

(La Fontaine.)

Nota. Quand le mot *majesté*, appliqué à un homme, est modifié par un adjectif ou par un participe, on met les modificatifs au féminin : ***Votre Majesté est trop prudente, Sa Majesté a été indisposée.*** Mais, quand il est modifié par des substantifs employés adjectivement, les opinions sont partagées. Les uns disent : *Votre Majesté est maître ;* d'autres : ***Depuis que Votre Majesté est maîtresse.*** Cependant, comme on dit : ***Sa Majesté est le père et le protecteur de ses sujets,*** il semble que le masculin soit plus rationnel.

CHAPITRE V.

DE L'ACCORD DU VERBE AVEC SON SUJET.

Ce chapitre contiendra deux sections : dans l'une, je considèrerai l'accord du verbe quand le sujet est exprimé par *un seul* mot ; dans l'autre, cet accord, quand le sujet est composé de *deux* ou de *plusieurs* mots.

SECTION Ire. — Le sujet est exprimé par un seul mot.

Il y a ici deux circonstances à examiner : celle où le mot sujet n'est pas suivi de la préposition *de,* et celle où il est suivi de cette préposition.

De là les deux paragraphes suivants :

§ 1er. — LE MOT SUJET N'EST PAS SUIVI DE LA PRÉPOSITION *DE*.

Tout verbe a un mode personnel ayant un sujet exprimé par un *seul* mot non suivi de la préposition *de,* s'accorde généralement en *nombre* et en *personne* avec ce sujet. Ainsi l'on dit :

> Moi, *je pourrais* encore te voir. — *Tu prétends* être ici le maître ! — *Elle n'est* pas tarie la source de nos larmes. — *Nous gâtions* ces outils. — *Vous liriez* des revues nouvelles. — *Les hommes doivent* s'entr'aimer, etc.

Mais cette règle peut présenter deux sortes de difficultés dans son application : celles qui concernent le verbe ayant pour sujet le relatif *qui,* et celles qu'offre le verbe *être* précédé du pronom *ce.*

Accord du verbe ayant pour sujet QUI.

Comme le relatif *qui* n'a, par lui-même, ni nombre, ni personne, il importe, pour orthographier convenablement le *verbe* dont il est le sujet, de savoir quel nombre et quelle personne il faut attribuer à ce relatif, suivant la composition et la fonction de son *antécédent.*

Il y a trois cas à considérer pour résoudre cette question :

1er Cas. — Qui *peut se retrancher.*

Dans les phrases où *qui* est précédé de *c'est, ce sont,* ce relatif a pour antécédent le mot ou les mots qui *suivent* le verbe *être,* si l'on peut, sans nuire au sens, retrancher les mots *c'est.. qui, ce sont... qui.* Ainsi dans les phrases suivantes :

Cet exploit mérite de passer à la postérité, et je le conterai avec d'autant plus de complaisance, que *c'est* moi *qui* en *suis* le héros.

(Brillat-Savarin.)

C'est vous *qui* le premier *avez* rompu nos fers.

(Voltaire.)

C'est la mollesse et l'oisiveté *qui rendent* les peuples insolents et rebelles.

(Fénelon.)

comme les mots en question peuvent être retranchés, le verbe s'accorde avec les antécédents *moi, vous, la mollesse et l'oisiveté.*

2e Cas. — *L'antécédent de* qui *est attribut d'un pronom.*

Lorsque *qui* a pour antécédent un substantif ou un adjectif *attribut* d'un pronom *personnel,* le verbe, si la phrase n'est pas *négative,* s'accorde, soit avec ce *pronom,* comme dans :

Vous êtes *une divinité* qui *descendez* du ciel à mon secours.

(Voltaire.)

Vous êtes *le seul* qui *paraissiez* me conduire de toute façon à la félicité.

(J.-J. Rousseau.)

soit avec l'*attribut,* comme le montrent les exemples suivants :

Vous êtes *un voyageur* qui *cherche* la patrie.

(Lamenais.)

Je ne suis qu'un pauvre *gentilhomme* de province qui *ôte* ses souliers avant d'entrer chez les savants.

(Victor Hugo.)

Vous êtes *le premier* qui *ait* commandé son souper chez moi.

(Voltaire.)

Mais le verbe s'accorde nécessairement avec l'*attribut*, quand celui-ci est précédé d'un pronom démonstratif, ou encore s'il est renfermé entre les négations *ne... pas, ne... point* :

Vous êtes toujours *ce modeste Virgile* qui *eut* tant de peine à se produire à la cour d'Auguste.

(FÉNELON.)

Je *ne* suis *pas un historien* qui *doit* vous développer les secrets des cabinets.

(BOSSUET.)

NOTA. Dans le cas où le pronom sujet est *ce* mis pour *il*, et l'attribut composé de deux substantifs unis par *et*, le relatif *qui* est de la troisième personne du *singulier*. Écrivez donc avec Massillon : « C'est *un ministre et un envoyé* de son père qui *rend* témoignage par son sang à la vérité de la mission et de son ministre. »

3e CAS. — *L'antécédent de* qui *n'est pas attribut.*

Voici alors les règles pour écrire le verbe :

1° Ce relatif, quand il est précédé d'un nom seul ou accompagné d'un simple adjectif, et ne jouant pas le rôle d'attribut d'un pronom, a ce *nom* pour antécédent :

Vous parlez comme un *homme* qui *entend* la matière.

(DOMERGUE.)

La beauté souffrante attendrit tous *les cœurs qui ont* quelque goût pour la vertu.

(FÉNELON.)

2° Quand l'antécédent de *qui* vient après le verbe *être*, mis pour *se trouver*, et que celui-ci a pour sujet un pronom *personnel*, c'est *ordinairement* ce pronom qui donne la personne au relatif :

Nous étions là huit cents jeunes gens *qui aurions* mis en pièce M. de Crébillon père, ou La Harpe ou La Fosse, etc.

(Louis REYBAUD.)

Nous étions deux *qui étions* du même avis.

(JACQUEMARD.)

3° Lorsque le relatif *qui* a pour antécédent un pronom *personnel* précédé du verbe *voir* ou de l'impersonnel *y avoir*, renfermé entre *ne* et *que*, on trouve tantôt le verbe à la *troisième* personne, comme dans :

Je *ne* vois plus *que* vous *qui* la *puisse* défendre.

(RACINE.)

Il *n*'y avait *que* moi *qui pût* le secourir.

(VOLTAIRE.)

et tantôt à la personne du *pronom* qui précède, comme dans ces phrases :

Je *ne* vois *que nous* deux *qui soyons* raisonnables.

(COLIN D'HARLEVILLE.)

Il *n*'y eut *que moi* qui *espérai* la victoire.

(FÉNELON.)

NOTA. Cette double orthographe tient à ce que, dans le premier cas, on traduit ce qui précède le pronom par d'*autre personne que*, et, dans le second, par l'adverbe *seulement*. — Je crois qu'aujourd'hui on accorde plutôt le verbe avec le pronom antécédent de *qui*, comme dans les deux derniers exemples.

4° Si le relatif *qui* vient après deux noms unis par la conjonction *et*, il veut son verbe au *pluriel* :

J'ai *une femme* et *une fille* qui *gémissent* de mon absence.

(MARMONTEL.)

☞ Les exemples abondent où le verbe a été mis au *singulier* après deux sujets *singuliers* unis par la conjonction *et*; mais, malgré les noms de Bossuet, de Fénelon, etc., il faut voir un *archaïsme* dans cette orthographe, et se conformer à la règle que je viens de donner, règle suivie généralement par les auteurs modernes.

5° Dans le cas où *qui* est précédé de noms synonymes, il a le *dernier* pour antécédent, comme le prouve cet exemple :

Ces beautés immortelles montrent une *innocence*, une *modestie*, une *simplicité qui charme*.

(FÉNELON.)

6° Après un collectif, et plus généralement après deux noms unis par *de*, *des*, le relatif *qui* a pour antécédent celui des deux substantifs auquel l'*incidente* se rapporte. Ainsi on trouve avec le *pluriel* :

On voit dans les cercles un petit nombre d'*hommes et de femmes qui pensent* pour tous les autres.

(J.-J. ROUSSEAU.)

Andromaque est une des *pièces* les plus parfaites *qui existent* chez aucun peuple.

(Benjamin CONSTANT.)

Mais on a dû employer le *singulier* dans ces phrases :

Un jour je vis entrer chez moi *un jeune homme* de nos amis *qui se destine* aux lettres.

(Bernardin DE SAINT-PIERRE.)

Le père de famille est en droit de punir *chacun* de ses enfants *qui fait* une mauvaise action.

(FÉNELON.)

NOTA. Après *un de ceux,* comme la proposition incidente se rapporte toujours au nom dont *ceux* tient la place, on doit toujours mettre le *pluriel :* « Je suis peut-être *un de ceux* qui *cultivent* les lettres en France avec le moins de succès. » (VOLTAIRE.)

Nombre du verbe ÊTRE après le pronom CE.

Toute la difficulté qu'offre l'accord du verbe *être,* précédé de *ce,* gît dans la découverte du *sujet,* que la contexture de la phrase fait confondre le plus souvent avec ce qui n'est que l'*attribut.*

Voici des règles pour résoudre cette difficulté :

1° Quand le verbe *être,* précédé de *ce,* est suivi d'un *que* ou d'un *qui,* et que l'on peut, sans changer le sens, *supprimer* ces trois mots, il est loisible de *toujours* mettre ce verbe au *singulier,* parce qu'alors aucun mot de la phrase n'en est *réellement* le sujet :

C'est eux *qui* ont bâti ce temple.

(BOSSUET.)

C'est la pluie et la chaleur *qui* fécondent la terre.

(PASCAL.)

C'est des contraires *que* résulte l'harmonie du monde.

(Bernardin DE SAINT-PIERRE.)

Jérôme, dit-il, *ce* n'*est* pas deux mille francs *qu'*il te faut, mais cinquante mille.

(Louis REYBAUD.)

Cependant, lorsque le pronom ou le nom qui *suit* le verbe *être* est au pluriel et *sujet d'un autre verbe* dans la phrase, je dois dire qu'on trouve *presque* autant d'auteurs qui mettent le verbe *être* au *pluriel* qu'on en trouve qui le mettent au singulier :

Ce sont les mœurs qui font la bonne compagnie.

(LA CHAUSSÉE.)

Seraient-ce ses maîtres *qui* l'auraient façonné?

(SAINT-MARC GIRARDIN.)

Ce furent les poètes de La Mecque *qui* commencèrent l'attaque contre les nouvelles doctrines.

(SÉDILLOT.)

NOTA. Quelquefois le *relatif* et le *verbe principal* se sous-entendent après le verbe *être* précédé de *ce*, mais la règle ne change pas. Ainsi on trouve : « Aujourd'hui on accuse Marat, Danton, Robespierre, demain *ce sera* Santerre, Chabot, Merlin, etc. » (THIERS), parce que cela est mis pour... demain *ce sera* Santerre... *qu'*on accusera.

2° Lorsque le pronom *ce* s'emploie devant le verbe *être* pour indiquer que l'attribut a été *placé en tête de la phrase, être* doit prendre le nombre, non pas des mots qui le précèdent (puisqu'ils sont l'attribut), mais bien de ceux qui *le suivent,* parce qu'ils sont le sujet *réel*. Ainsi on écrit :

Ah ! la véritable féerie,
Ce sont l'esprit et les talents.

(Cité par SICARD.)

Ce qui m'attache à la vie, *ce sont* ma femme et mes enfants.

(MARMONTEL.)

parce que ces phrases sont pour : l'esprit et les talents *sont* la véritable féerie, ma femme et mes enfants *sont* ce qui...

NOTA. Quand les mots qui viennent après *être* sont synonymes, le verbe doit se mettre au singulier : « Ce qui se trouvait naturellement dans l'âme de Descartes, *c'était* la douceur, la bonté. » (THOMAS.)

3° Quand le pronom *ce* peut être remplacé par *ces* suivi ou du substantif qui vient après le verbe *être,* ou d'un autre qui se trouve placé *avant* lui dans la phrase, il est évident que *être* doit se mettre au *pluriel*, comme dans ces exemples :

Ce seraient paroles exquises
Si c'était un grand qui parlât.

(MOLIÈRE.)

Il semblait que *ce fussent* de nouveaux décemvirs prêts à rétablir leur tyrannie.

(VOLTAIRE.)

Quelles sont les vertus théologales? — *Ce sont* la foi, l'espérance et la charité.

(CONDILLAC.)

En effet, ces phrases sont mises pour : *ces* paroles *seraient* exquises,... il semblait que *ces* hommes *fussent*, etc.,... *ces* vertus *sont* la foi, l'espérance, etc.

4° Il nous arrive très-souvent d'employer, par pléonasme, le pronom *ce* entre le verbe *être* et son sujet ; dans ce cas, il est évident que le nombre du verbe *être* reste ce qu'il eût été sans l'emploi du pronom. Il faut donc écrire avec De Ségur :

Ces génies, *ce* ne *sont* pas autre chose que les douces illusions et les illusions funestes,

puisqu'on dirait : ces génies ne *sont* pas autre chose, etc.

Quelquefois le sujet *réel* consiste en deux substantifs ou en deux infinitifs unis par la conjonction *et,* mais formant cependant *unité* dans la pensée. Dans ce cas, le verbe *être* reste au singulier :

Chamfort et Rivarol, *c'est* toute la partition de l'esprit français.

(Arsène HOUSSAYE.)

Pour ce chef d'école si modéré et si habile, *rire et philosopher, c'était* la même chose.

(Mme Émile DE GIRARDIN.)

5° Il arrive fréquemment, dans notre langue, que l'on fait usage du verbe *être* précédé de *ce,* à la place d'un *autre verbe,* qui est le plus souvent l'impersonnel *il y a*. Alors le verbe *être* se met, à volonté, au *singulier* ou au *pluriel,* comme le montrent les exemples suivants :

C'était tous les jours de nouvelles accusations.

(VOLTAIRE.)

C'étaient ensuite mille questions sur l'état de mon cœur.

(CHATEAUBRIAND.)

Ce ne *fut* que plaintes et que larmes.

(MARMONTEL.)

Ce n'*étaient* que boules qui montaient et descendaient.

(Théop. GAUTHIER.)

NOTA. Dans l'expression *si ce n'est*, ayant le sens de *excepté*, on laisse généralement le verbe au singulier : « Qui m'aidera, *si ce n'est* mes amis? » (BONIFACE.)

§ 2. — LE MOT SUJET EST SUIVI DE LA PRÉPOSITION *DE*.

J'aurai à donner ici *trois* sortes de règles : les unes, particulières à certains mots, les autres relatives aux adverbes de quantité, et d'autres enfin qui concernent les collectifs.

Règles particulières à certains mots.

Les mots sur lesquels il me semble utile d'appeler l'attention de mes lecteurs sont les suivants :

CHACUN.

Le verbe qui a pour sujet *chacun* se met au *singulier*, quand même il serait suivi d'un nom ou d'un pronom pluriel :

Chacune de nous se *prétendait* supérieure aux autres en beauté.

(MONTESQUIEU.)

Chacun d'eux *résolut* de vivre en gentilhomme.

(LA FONTAINE.)

NOTA. Il en est de même pour l'adjectif qui vient après *chacun*, comme le montre le premier exemple. On n'imitera donc point l'auteur du *Jeune Anacharsis*, quand il écrit : « Nous nous communiquons nos découvertes ; car, bien *différents* des autres artistes, qui ont des secrets, *chacun* de nous est aussi jaloux de s'instruire que d'instruire les autres. » Il faut *différent* au singulier.

COUPLE.

Après *couple*, employé au *féminin singulier*, et suivi d'un nom pluriel, on doit mettre le verbe au *pluriel*, comme dans :

Une *couple de pigeons* ne *sont* pas suffisants pour le dîner de six personnes.

(GUIZOT.)

Mais, quand ce mot est employé au *masculin*, on laisse le verbe au *singulier*, même s'il y a un nom pluriel après *couple* :

Un *couple de pigeons est* suffisant pour repeupler une volière.

(*Id.*)

Le peu.

Quand *le peu* a le sens *négatif*, c'est-à-dire quand il veut dire *le manque*, *le trop peu*, le verbe s'accorde avec lui, parce que c'est l'idée négative qu'il importe de mettre en évidence :

Le peu de rimes de notre langue *fait* que pour rimer à hommes, on fait venir comme on peut le siècle où nous sommes.

(Voltaire.)

Si ce mot signifie *la petite quantité*, le verbe se met au *pluriel* dans le cas où *le peu* est suivi d'un nom à ce nombre, comme dans cette phrase :

Le peu de jours que les dieux me destinent encore à passer sur la terre *seront* environnés de gloire et d'honneurs.

(Vertot.)

☞ Je dois avertir les étrangers qu'ils retrouveront l'analogue de cette règle à la théorie du participe passé.

Plus.

Lorsque *plus de* est suivi d'un nom singulier, le verbe se met aussi au *singulier*, si l'on veut énoncer une simple idée de *pluralité*, comme dans :

Prenez garde, Constantin, j'en connais *plus d'un* qui *s'est laissé* duper par cette flatteuse illusion.

(Léon Gozlan.)

Mais, si avec *plus d'un* on voulait exprimer une idée de *réciprocité*, le verbe devrait se mettre au *pluriel*, comme on le voit dans cette phrase :

A Paris, on voit *plus d'un* fripon qui *se dupent* l'un l'autre.

(Marmontel.)

Dans les phrases où *plus de* est suivi d'un nom de nombre supérieur à *un*, le verbe se met *toujours* au pluriel :

J'en connais *plus de vingt* qui *font* figure en France,
Qui *doivent*, comme moi, ce titre à la finance.

(Destouches.)

La moitié.

Quand ces mots sont suivis d'un nom *pluriel*, les auteurs me semblent mettre le verbe *indifféremment* au singulier ou au pluriel, témoin ces exemples :

La moitié des passagers, affaiblis, expirants de ces angoisses inconcevables, *n'avait* pas même la force de s'inquiéter du danger.

(VOLTAIRE.)

La moitié de nos concitoyens, épars dans le reste de l'Europe et du monde, *vivent* et *meurent* loin de la patrie.

(J.-J. ROUSSEAU.)

LE RESTE.

Suivi d'un substantif pluriel, *le reste* veut généralement son verbe au *pluriel*. Ainsi l'on trouve :

Et les autres, au contraire : il n'y a de grand que la guerre; le *reste des hommes sont* des coquins.

(PASCAL.)

Le *reste des hommes* même ne *paraissent* nés que pour vous.

(MASSILLON.)

Mais, quand il n'est pas suivi d'un nom pluriel, on peut laisser le verbe au *singulier*, comme dans cette phrase :

De ces Indiens si doux et si paisibles, des milliers seraient égorgés, et *le reste*, réduit au plus dur esclavage, *périra* misérablement dans les fers.

(MARMONTEL.)

TOUT CE QUI, TOUT CE QUE.

Lorsque ces expressions sont suivies d'un substantif *pluriel* dont elles sont séparées par un verbe, il faut mettre *au pluriel* celui de la proposition *principale*, comme dans les exemples ci-après :

Tout ce qui reste encor de fidèles *Hébreux*
Lui *viendront* aujourd'hui renouveler leurs vœux.

(RACINE.)

*Tout ce qu'*il y a d'*habitants* nés libres, comme ceux de la condition la plus basse, *ont* accouru.

(D'OLIVET.)

C'est qu'en effet cela signifie : *tous les fidèles Hébreux* qui restent encore *viendront; tous les habitants* qui sont nés libres, comme, etc.,... *ont* accouru.

Règles relatives aux adverbes de quantité.

Lorsque le sujet est un adverbe de *quantité,* le verbe s'accorde toujours avec le *substantif* suivant, qu'il soit exprimé ou sous-entendu :

Assez de gens méprisent le bien, mais *peu savent* le donner.
(LA ROCHEFOUCAULT.)

Seigneur, *tant de bontés ont* lieu de me confondre.
(RACINE.)

Les mots *force, nombre de, quantité de,* qui pourraient se traduire par un adverbe de quantité, veulent aussi le verbe au *pluriel,* quand ils sont suivis d'un substantif à ce nombre, comme on le voit par ces phrases :

Force brillants sur sa robe *éclataient.*
(LA FONTAINE.)

Quantité d'Italiens, d'Espagnols, d'Allemands, d'Anglais, *se sont établis* chez nous et s'y *établissent* encore tous les jours.
(Bernardin de SAINT-PIERRE.)

Règles relatives aux collectifs.

Tout verbe qui a pour sujet un *collectif* précédé de l'article *le* ou *la,* ou d'un adjectif *démonstratif,* s'accorde *le plus souvent* avec ce collectif, comme dans :

La masse des hommes *ressemble* aux princes, ils n'estiment que ce qui leur est utile.
(DE SÉGUR.)

Le parfait orateur ne néglige pas ces sciences abstraites que le *commun* des hommes ne *méprise* que parce qu'il les ignore.
(D'AGUESSEAU.)

Cette foule de nobles réunis dans la Prusse, se *crut* assurée d'un appui.
(RULHIÈRES.)

Mais les expressions *la plupart, la plus grande partie,* font exception à cette règle : quand elles sont employées *seules* ou suivies d'un nom *pluriel*, elles veulent le verbe au pluriel :

La plupart des hommes n'ont pas d'avis à eux.

(D'ALEMBERT.)

La plus grande partie des chiens sont indifférents aux sons musicaux.

(BUFFON.)

Lorsque le sujet renferme un collectif *partitif* précédé de l'article indéfini *un* ou *une*, le verbe s'accorde généralement avec le *complément* du collectif, comme le montrent ces exemples :

Un nombre infini de maîtres de langues, d'arts et de sciences, *enseignent* ce qu'ils ne savent pas.

(MONTESQUIEU.)

Une troupe de nymphes couronnées de fleurs *nageaient* en foule derrière le char.

(FÉNELON.)

Mais il y a telles phrases dont le *sens* réclame absolument l'accord avec le *collectif* lui-même, comme par exemple celles-ci :

A l'instant *une nuée* de flèches *obscurcit* l'air sur la tête des Castillans.

(MARMONTEL.)

Ceux qui aiment la dépense et le luxe forment *une sorte* d'avares qui *est* infiniment nombreuse.

(NICOLE.)

☞ Voici un exemple tiré de Marmontel qui montre combien il importe de consulter le *sens* pour écrire le verbe ayant pour sujet un collectif : « Un grand nombre d'hommes peut être nuisible à l'État. » Avec le verbe au *singulier*, la phrase signifie que l'*excès du nombre peut nuire ;* tandis qu'avec le *pluriel*, elle veut dire qu'*il y a beaucoup d'hommes qui peuvent nuire à l'État :* deux choses bien différentes !

SECTION II. — Le sujet est composé de deux ou de plusieurs mots.

Les mots qui composent le sujet pouvant être ou de la *même* personne ou de personnes *différentes*, je ferai naturellement ici deux paragraphes.

§ 1er. — Les mots sujets sont de la même personne.

Pour exposer clairement cette théorie, il me semble indispensable de considérer *trois* espèces de sujets composés : sujets ne renfermant *aucune* conjonction, sujets renfermant l'une des conjonctions *et, ou, ni,* et enfin sujets renfermant des conjonctions *autres* que ces dernières.

Les mots sujets ne sont liés par aucune conjonction.

Si les noms formant le sujet ne sont liés par *aucune* conjonction, le verbe s'accorde avec le *dernier* :

1° Quand il y a *synonymie* entre les parties du sujet, comme dans ces phrases :

Dans tous les âges, *l'amour du travail, le goût de l'étude est* un bien.

(Marmontel.)

Son *crédit*, son sacré *caractère,*
Veut appuyer le choix que vous prétendez faire.

(Racine.)

2° S'il existe une *gradation* entre les parties du sujet, comme dans les phrases suivantes :

Un *mensonge*, une *erreur*, un *doute peut* le mettre au désespoir.

(J.-J. Rousseau.)

Un *soupir*, un *regard,* une simple *rougeur,*
Un *silence est* assez pour expliquer un cœur.

(Molière.)

Nota. Les trois adjectifs indéfinis, *tout, chaque, quelque,* se répètent souvent pour établir une sorte de *gradation;* il faut donc aussi mettre au *singulier* le verbe qui vient après eux, comme le montrent ces vers :

Tout plaisir, *tout* repos par là m'*est* arraché.

(Molière.)

Chaque vers, *chaque* mot *court* à l'évènement.

(Boileau.)

3° Quand une *énumération* se termine ou commence par l'un des mots *aucun, chacun, nul, personne, rien, tout,* le verbe s'accorde avec ce mot, ainsi qu'on le voit par les exemples suivants :

Remords, crainte, périls, rien ne m'*a* retenu.

(RACINE.)

Avant tout, compte sur toi; *voisins, amis, parents, chacun préfère* son intérêt à celui de tout autre.

(VOLTAIRE.)

Les mots sujets sont liés par l'une des conjonctions ET, OU, NI.

Je vais examiner successivement quel nombre doit prendre le verbe avec chacune de ces conjonctions.

ET.

Si les mots composant le sujet, substantifs, infinitifs ou adverbes, renferment la conjonction *et,* exprimée ou sous-entendue entre les deux derniers, on met *généralement* le verbe au *pluriel,* comme dans ces phrases :

Si vous prodiguez les lumières au peuple, *l'ignorance et la calomnie disparaissent* devant elles.

(BECCARIA.)

La *gaîté,* les *travaux* rustiques, les folâtres *jeux sont* les premiers cuisiniers du monde.

(J.-J. ROUSSEAU.)

Vouloir et connaître sont deux choses essentiellement différentes.

(Victor COUSIN.)

Trop de longueur et *trop* de brièveté *obscurcissent* un discours.

(PASCAL.)

Mais les cas ne sont pas rares où les auteurs, surtout ceux du siècle de Louis XIV, sous-entendant le verbe après chaque substantif, ont mis le *singulier*. Voici des exemples :

Jetez les yeux de toutes parts, voilà ce qu'*a* pu la *magnificence et la piété* pour honorer un héros.

(BOSSUET.)

La *gloire et la prospérité* des méchants *est* courte.

(FÉNELON.)

La *politesse et* l'*affabilité est* la seule distinction qu'ils affectent.

(MASSILLON.)

☞ Cependant je dois avertir les étrangers qu'aujourd'hui le *pluriel* étant plus usité que le singulier, comme, d'ailleurs, il semble aussi plus logique, ils feront bien de s'en tenir à la règle générale.

OU.

Quand les mots formant le sujet sont unis par la conjonction *ou*, on fait accorder le verbe avec le *dernier*, si cette conjonction a le sens *exclusif*, ou avec le *premier*, si elle a le sens *explicatif*, comme le montrent ces exemples :

Le *bonheur ou* le *malheur* de la vieillesse n'*est* souvent que l'extrait de notre vie passée.

(Mme NECKER.)

La *liberté* de publier ses pensées *ou* la *liberté* de la presse doit *être réglée* sur la liberté même d'agir.

(Bernardin de SAINT-PIERRE.)

Mais, si la conjonction *ou* exprime une idée d'*alternative*, il faut mettre le verbe au *pluriel*, témoin ces exemples :

Le *temps ou* la *mort sont* nos seuls remèdes.

(J.-J. ROUSSEAU.)

Mon *crime ou* mon *innocence* ne *peuvent* pas répondre de circonstances étrangères à ma volonté.

(Jules SIMON.)

NI.

Après l'expression *ni l'un ni l'autre*, ainsi qu'après deux noms liés par la conjonction *ni*, on met le verbe au *singulier*, si l'action ne *peut* être attribuée qu'à *un seul* des êtres désignés par le sujet :

M. Amiel et sir James Crawford consommèrent leur pari, quoique *ni l'un ni l'autre* ne l'*eût* gagné.

(Léon GOZLAN.)

Ni M. le duc ni M. le cardinal ne *sera* nommé ambassadeur à Saint-Pétersbourg.

(FABRE.)

Mais, dans tous les autres cas, on met le verbe au *pluriel*. Ainsi on trouve ces exemples :

Ni une Église, ni un homme, ni un État ne *peuvent* professer sans crime l'intolérance religieuse.

(Jules SIMON.)

Ni l'or, ni la grandeur ne nous *rendent* heureux.

(LA FONTAINE.)

NOTA. Dans les phrases où il y a un *qui* relatif, précédé ou non précédé de *c'est, c'était*, on orthographie le verbe en vertu de la règle qu'il faudrait appliquer si le *qui* et le verbe *être* étaient retranchés. Ainsi on écrirait : C'est le temps *ou* la mort qui *sont* nos remèdes, parce qu'après le retranchement de *c'est... qui*, on mettrait le verbe au *pluriel*.

Les mots sujets sont liés par des conjonctions autres que ET, OU, NI.

Voici les règles de l'accord du verbe pour ce troisième cas :

1° Lorsqu'un verbe a pour sujet deux noms au *singulier* joints par les expressions *comme, ainsi que, aussi bien que*, etc., il s'accorde avec le *premier*, si l'on veut exprimer une *comparaison*, comme dans :

On dirait que la *puissance*, *comme* la glace, *refroidit* et *endurcit* tout ce qu'elle touche.

(DE SÉGUR.)

L'*antiquité* chrétienne, *comme* l'antiquité païenne, *consacre* le souvenir de ces réunions de grands esprits et de beaux-esprits.

(Arsène HOUSSAYE.)

Mais il faut mettre le verbe au *pluriel*, si l'on se propose seulement d'attribuer aux mots sujets une action *commune*. Ainsi on trouve :

Le *jaguar ainsi que le conguar, habitent* dans les contrées les plus chaudes de l'Amérique méridionale.

(BUFFON.)

Si jamais de pareilles doctrines pouvaient germer parmi nous, *la voix* de la nature *ainsi que celle* de la raison, *s'élèveraient* incessamment contre elles.

(J.-J. ROUSSEAU.)

2° La même règle s'applique aux sujets unis par *avec ;* cette préposition ajoute-t-elle une idée d'*accompagnement*, de *moyen*, on met le verbe au *singulier :*

Le malheureux *père*, *avec* sa fille désolée, *pleurait* son épouse dans ce moment.

(FLORIAN.)

Mais il faut mettre le verbe au *pluriel*, si *avec* ajoute de plus l'idée de *coopération*, comme dans ces phrases :

Leur *courage avec* leurs *forces diminuaient* tous les jours.

(MARMONTEL.)

Vertumne avec Pomone ont embelli ces lieux.

(SAINT-LAMBERT.)

3° Lorsque les mots composant le sujet sont unis par les expressions *de même que*, *autant que*, *moins que*, *plus que*, *et non*, *non moins que*, *non plus que*, *non-seulement*, *plutôt que*, *mais*, etc., le verbe s'accorde avec celui qui exprime l'idée *dominante*, ainsi qu'on peut le voir dans ces phrases :

C'est son *ambition*, *plus encore* que ses revers, qui *a causé* sa perte.

(*Journal grammatical.*)

Non-seulement toutes ses richesses et tous ses honneurs, *mais* toute sa *vertu s'évanouit.*

(VAUGELAS.)

C'est le bon *ordre*, *et non* certaines épargnes sordides, qui *fait* le profit

(VOLTAIRE.)

NOTA. Il est évident que si l'idée dominante était exprimée par deux noms, le verbe devrait s'accorder en vertu des règles qui établissent le nombre selon la composition du sujet. Ainsi on dirait avec le pluriel : Il faut que ce soit *la sagesse et la vertu*, plutôt que la présence de votre chef qui vous *inspirent* ce que vous devez faire.

§ 2. — LES MOTS SUJETS NE SONT PAS DE LA MÊME PERSONNE.

Quand un sujet est composé de mots qui ne sont pas de la *même* personne, que ces mots soient liés ou non liés par l'une des conjonctions *et*, *ou*, *ni*, le verbe se met toujours au *pluriel* et à la *personne* qui a la priorité, c'est-à-dire dont le chiffre d'ordre est le *moins* élevé. Ainsi dans ces phrases ·

> Ni vos *nymphes*, ni *moi* n'*avons* juré par les ondes du Styx.
>
> (FÉNELON.)

> Monsieur, quand j'ai lu ce papier abominable, je me suis promis que *lui* et *moi sortirions* de votre maison.
>
> (STENDHAL.)

> Il faut que *toi* et *ceux* qui sont ici *fassiez* les mêmes serments, ou je vous tuerai tous.
>
> (VERTOT.)

les verbes *avons* et *sortirions* sont à la première personne, qui est celle de *moi*, et *fassiez* est à la seconde, parce qu'il la reçoit du pronom *toi*.

Lorsque les différents sujets sont suivis du mot *tous* pouvant laisser mettre après lui : *ceux qui étaient là*, le verbe doit se mettre à la *troisième* personne, comme le prouve la phrase qui suit :

> Père, mère, enfants, mon ami, moi-même, *tous participaient* à l'émotion générale.
>
> (DE LAMARTINE.)

Mais, hormis ce cas, il y aurait faute grossière à ne pas employer le verbe à la personne qui a la *priorité*. On se gardera donc bien d'imiter Voltaire quand il dit :

> Enfin mon Juif intimidé conclut un marché par lequel la *maison et moi* lui *appartiendraient* à tous deux en commun ;

car, si jamais cette façon de parler a été permise au temps où écrivait l'auteur de *Candide*, elle ne l'est certainement plus aujourd'hui : nous disons *appartiendrions*, et nous ne pouvons pas faire usage d'une autre personne.

CHAPITRE VI.

DE L'ACCORD DU PARTICIPE PRÉSENT.

A l'origine de la langue française, on variait toujours les participes présents, mais seulement pour le nombre. Au seizième siècle, on les varia aussi pour le genre; puis bientôt l'Académie, adoptant l'opinion des grammairiens de Port-Royal, proclama l'invariabilité de ces mots quand ils sont verbes.

Or, comme jusqu'ici cette décision n'a pas cessé de faire loi, on peut énoncer ainsi la règle actuelle des mots dont il s'agit :

Les mots verbaux en *ant* sont toujours *invariables* quand ils sont *verbes*, et *variables* quand ils sont *adjectifs*.

Maintenant, quand sont-ils verbes et quand sont-ils adjectifs? C'est ce que je vais tâcher d'établir dans les deux paragraphes suivants :

§ 1er. — Comment on reconnait que le mot en *ant* est verbe.

Les indices qui font reconnaître qu'un mot en *ant* est verbe peuvent se puiser à deux sources : dans le cortége des mots qui l'accompagnent, et dans les transformations dont est susceptible la phrase qui le contient.

Indices fournis par le cortége du mot en ANT.

On reconnaît que le mot en *ant* est verbe, c'est-à-dire *invariable* dans les cas suivants :

1° Quand il a un complément *direct*, s'il est accompagné de l'un des pronoms *me, te, se, nous, vous*, s'il est précédé d'une *négation*, ou de l'expression adverbiale *ne... que*, comme dans :

On entendait les coups de marteaux *frappant l'enclume*.

(FÉNELON.)

Nos braves *s'approchant* se prennent aux cheveux.

(Boileau.)

C'est une personne d'un naturel doux, jamais *ne grondant, ne contredisant, ne désobligeant.*

(Bescher.)

Je méprise ces insectes et ces folliculaires *ne mordant que* pour vivre.

(Voltaire.)

2° Quand il est *précédé* de *en* signifiant le moyen, la simultanéité, la manière, comme dans ces vers :

Les nonnettes sans voix
Font, *en fuyant,* mille signes de croix.

(Gresset.)

Cruelle ! quand ma foi vous a-t-elle déçue ?
Songez-vous qu'*en naissant* mes bras vous ont reçue ?

(Racine.)

Elles ont fait la route *en mendiant.*

(Bescher.)

3° Quand il est *suivi* d'un *adverbe,* d'une expression indiquant la manière, le moyen, comme dans les phrases suivantes :

Mais pour mieux réussir, il est bon, ce me semble,
Qu'on ne vous trouve point tous deux *parlant ensemble.*

(Molière.)

Vous verrez la paix *renaissant par degrés* dans son âme abattue.

(Bescher.)

Tu foules un terre *fumant toujours* du sang des malheureux mortels.

(Fénelon.)

Vit-on jamais tant d'infortunés *errant en furieux* au milieu des flammes ?

(Théoph. Gauthier.)

4° Lorsqu'il est précédé ou suivi d'autres mots en *ant* avec des indices qui révèlent un verbe :

Ces ennemis des vers,
Qui, hérissés d'algèbre et bouffis de problêmes,

Au monde épouvanté parlent par théorêmes,
Observant, calculant, mais *ne sentant* jamais.
(VOLTAIRE.)

5° Quand il est *suivi* de mots exprimant une *comparaison* dont le second membre, s'il était rétabli, contiendrait un verbe *tout autre* que *être*. Ainsi il faut écrire :

Il est des personnes *obligeant plutôt* par vanité que par caractère.

Ces hommes, qu'on croit si sauvages, sont des hommes *vivant comme* nous.

parce que, sans faire l'ellipse, on dirait... plutôt par vanité, qu'elles n'*obligent* par caractère;... comme nous *vivons,* ce qui n'amène point le verbe *être* dans la phrase.

NOTA. L'invariabilité de ces participes est aussi la conséquence de la règle n° 3, car ils sont aussi accompagnés d'un indice de *manière*.

6° Enfin on reconnaît un verbe dans le mot en *ant,* quand il est *suivi* d'une expression qui marque le temps, le lieu, l'origine, le but, etc. :

On entendait au loin des clameurs *retentissant par intervalles.*
(BESCHER.)

Les Maures, *descendant de leurs montagnes,* parcouraient et pillaient l'Afrique.
(DE SÉGUR.)

Voyez ces riants vergers remplis d'arbres qui plient sous le poids de leurs fruits *pendant jusqu'à terre.*
(BESCHER.)

Indices fournis par la transformation de la phrase.

On reconnaît encore que le mot en *ant* est verbe dans les cas suivants :

1° Quand il peut se remplacer par *se mettant à, venant à,* suivi de l'*infinitif* qui forme le mot en *ant*. Ainsi dans ces phrases :

Les trois voyageurs *pâlissant,* voyaient à la clarté de la foudre passer le lion, le tigre, le lynx.
(Cité par POITEVIN.)

Tous mes sots à l'instant *changeant* de contenance,
Ont loué du festin la superbe ordonnance.
(BOILEAU.)

Ainsi notre amitié, *triomphant* à son tour,
Vaincra la jalousie en cédant à l'amour.

(CORNEILLE.)

on met les participes invariables, parce qu'on pourrait dire... les trois voyageurs *commençant à pâlir*.... mes sots *se mettant à changer*.... notre amitié *venant à triompher*...

2° Quand il peut être remplacé par un mode personnel précédé de *quoique, attendu que, lorsque, pendant que,* ou encore lorsqu'on peut mettre *en* devant lui :

Les animaux, *vivant* d'une manière plus conforme à la nature, doivent être sujets à moins de maux que nous.

(J.-J. ROUSSEAU.)

La mer *mugissant* ressemblait à une personne agitée qui, ayant été longtemps irritée, n'a plus qu'un reste de trouble et d'émotion.

(FÉNELON.)

Les connaissances spéculatives ne conviennent guère aux enfants même *approchant* de l'adolescence.

(J.-J. ROUSSEAU.)

Dans ces exemples, on pourrait dire : les animaux, *attendu qu'ils vivent,... la mer en mugissant,...* aux enfants *quand ils approchent...*

3° Lorsqu'on peut le remplacer par le présent de l'*infinitif*, comme dans ces exemples :

Nous entendions toute la journée le père et la mère *grondant, menaçant,* et les enfants *criant* et *sanglottant*.

(J.-J. ROUSSEAU.)

On voyait des cordages *flottant* vers la côte.

(FÉNELON.)

4° Si, étant suivi d'un régime avec l'une des prépositions *à, de, dans, sur,* on ne peut pas mettre *qui sont, qui étaient,* etc., entre lui et le régime de la préposition. Ainsi, dans ces vers :

Ces sphères qui, *roulant dans* l'espace des cieux,
Semblent y ralentir leur cours silencieux.

(LEMIÈRE.)

comme on ne pourrait pas dire : ces sphères qui *roulant qui sont* dans l'espace, on met le mot en *ant* invariable.

☞ Il n'est pas rare de rencontrer, surtout dans les poètes, des infractions aux règles qui précèdent, ce qui tient, d'une part, à la difficulté de reconnaître si le mot en *ant* est verbe ou s'il est adjectif, et, de l'autre, aux licences que se permet la poésie. Mais j'ai tout lieu de croire qu'en se conformant à ces règles, les étrangers n'écriront point le participe présent d'une manière qui puisse être contestée.

§ 2. — Comment on reconnait que le mot *ant* est adjectif.

A la rigueur, les règles précédentes pourraient suffire pour cette partie de l'orthographe; mais, pour aplanir autant que possible les difficultés que doivent rencontrer ici les étrangers, je vais donner encore, en les prenant aux mêmes sources, des indices qui permettent de distinguer quand les mots en *ant* sont adjectifs.

Indices fournis par le cortége du mot en ANT.

Le mot verbal en *ant* est adjectif, c'est-à-dire *variable,* dans les cas suivants :

1° Quand il est *après* un substantif, *à la fin* de la phrase, ou bien à un endroit où le sens indique un repos :

Tantôt elle (l'hirondelle) donne la chasse aux insectes *voltigeants.*

(Buffon.)

J'ai passé plus avant; les arbres et les plantes
Sont devenus chez moi créatures *parlantes.*

(La Fontaine.)

2° Quand il est précédé immédiatement de l'*article* ou d'un adjectif *déterminatif,* comme dans :

Les morts et *les vivants* se succèdent continuellement.

(Massillon.)

Cette maison est ouverte *aux allants* et *aux venants.*

(*Académie.*)

On dit que Thèbes pouvait faire sortir *dix mille combattants* par chacune de ses portes.

(Bossuet.)

3° Quand il est placé *entre* un substantif et son relatif ou son déterminatif, comme dans :

Il n'y a que les *âmes aimantes qui* soient propres à l'étude de la nature.

(Bernardin DE SAINT-PIERRE.)

Puissent les cris de la guerre ne troubler jamais *vos résonnantes clairières !*

(BESCHER.)

4° Lorsqu'il est le seul mot placé *entre* le sujet et le verbe, comme dans ces phrases :

Les *eaux dormantes sont* meilleures pour les chevaux que les eaux vives.

(BUFFON.)

Les *peuples errants doivent* être les derniers qui aient écrit.

(VOLTAIRE.)

5° Lorsqu'il vient *après* l'un des modificatifs *si, plus, moins, bien, assez, fort* et *tout,* mis pour *tout-à-fait :*

Les Juifs apprirent la langue chaldaïque, *fort approchante* de la leur.

(BOSSUET.)

Soyez *bien buvants, bien mangeants,*
Nous devons à la mort de trois l'un en dix ans.

(LA FONTAINE.)

6° Quand il est *précédé* de *en* mis pour *comme, à la manière de.* Ainsi il faut écrire :

Elles vinrent *en suppliantes,* des rameaux d'olivier à la main.
Elles ont fait la route *en mendiantes.*

parce qu'on peut dire... comme *des suppliantes,* comme *des mendiantes.*

7° S'il vient *après* un ou plusieurs autres *qualificatifs,* ou encore après un *participe passé,* comme le montrent les exemples suivants :

J'ai toujours vu ceux qui voyageaient dans de bonnes voitures bien douces, *rêveurs*, *tristes*, *grondants* et *souffrants*.

(J.-J. ROUSSEAU.)

Certes, il nous arrive fréquemment d'être *irrésolus*, *incertains*, *hésitants*.

(Jules SIMON.)

Nos cœurs n'étaient pas *faits dépendants* l'un de l'autre.

(RACINE.)

8° Quand enfin il est *précédé* de l'un des adverbes *toujours*, *sans cesse*, *encore*, etc. :

Ils y trouvent une substance abondante, une pâture *toujours renaissante*.

(BUFFON.)

Ils se vêtent de vieux morceaux de drap mal cousus, *assez ressemblants* à l'habit d'Arlequin.

(VOLTAIRE.)

Télémaque lui-même arrose de liqueurs parfumées ses cendres *encore fumantes*.

(FÉNELON.)

NOTA. On doit se rappeler que le mot en *ant* est verbe quand ces mêmes adverbes viennent *après* lui (voir n° 3, page 166).

Indices fournis par la transformation de la phrase.

On reconnaît encore que le mot en *ant* est adjectif :

1° Quand ce mot peut se placer *à la fin* de la phrase sans rien changer au sens, comme dans ces exemples :

Ils ont besoin d'une puissance *réglante* pour les tempérer.

(MONTESQUIEU.)

Calypso aperçut des cordages *flottants* sur la côte.

(FÉNELON.)

où l'on pourrait dire : pour les tempérer, ils ont besoin d'une puissance *réglante*,... aperçut sur la côte des cordages *flottants*.

2° Quand on peut mettre *qui est*, *qui sont*, etc., entre le substantif et le mot *ant*, comme dans :

Les chanoines vermeils et *brillants* de santé.

(BOILEAU.)

Il m'offrait une main *fumante* de mon sang.

(VOLTAIRE.)

3° Lorsque, *suivi* d'un adverbe de *comparaison*, on voit, en rétablissant le second membre, apparaître le verbe *être*. Ainsi dans cette phrase :

Ces animalcules, imperceptibles à la vue, sont des êtres *vivants* comme nous.

on fait varier *vivants*, parce que cela signifie : ..... sont des êtres *vivants* comme nous *sommes* vivants.

4° Quand on peut, sans changer le sens, faire *précéder* le mot en *ant* du mot *tout*, ou d'un autre adverbe qui ne se met que *devant* les adjectifs. Ainsi, dans cet exemple :

Triomphants quand ils attaquent, ils sont sans vigueur en se défendant.

(J.-J. ROUSSEAU.)

il faut le pluriel, pour la raison qu'on pourrait dire : *tout triomphants*, quand ils attaquent, etc.

Tels sont les principaux indices au moyen desquels on pourra, ce me semble, découvrir si le mot *ant* est adjectif ou verbe.

Mais, comme je n'oserais affirmer qu'ils suffiront pour tous les cas qui peuvent se présenter, je vais terminer en donnant à mes lecteurs un conseil que je crois utile : s'il arrivait qu'au moyen des indices ci-dessus énoncés on ne pût positivement, et pour ainsi dire, matériellement, démontrer la nature du mot en *ant*, il faudrait le considérer comme adjectif; car, en effet, si rien ne prouve qu'il est verbe, il doit, par cela même, être réputé *variable*.

CHAPITRE VII.

DE L'ACCORD DU PARTICIPE PASSÉ.

La question du participe passé, assurément une des plus difficiles que l'orthographe de notre langue puisse offrir aux étrangers, comprend *trois* choses à étudier : les règles fondamentales, les difficultés pour l'application de ces règles, et enfin les points encore controversés.

§ 1er. — Des règles fondamentales.

Pour être en état d'appliquer les règles du participe passé, il ne suffit pas de les connaître, il faut encore parfaitement posséder certaines notions relatives aux termes qu'elles renferment dans leur énoncé.

Je vais donc commencer par rappeler ces notions à mes lecteurs.

Notions que suppose l'application de ces règles.

Pour bien appliquer les règles que je vais donner au prochain titre, il est indispensable de savoir ce qui suit :

1° On appelle temps *doublement composés* des formes verbales qui renferment l'un des participes *eu* ou *été* avec le participe d'un autre verbe, comme :

J'ai *eu fini,* il aura *été arrêté,* qu'il eût *eu écrit.*

2° On désigne sous le nom d'*impersonnels essentiels,* des verbes dont le sujet *il* ne peut être remplacé par aucun nom de personne ou de chose, comme lorsqu'on dit :

Il *pleut,* il *tonne,* il *fait* chaud, il *grêle,* il *faut,* etc.

Quand le pronom *il* peut être remplacé par les mots qui suivent le verbe, ce dernier prend le nom d'*impersonnel accidentel.* Ainsi dans :

Il *est arrivé* de grands malheurs, il *convient* de travailler,

est arrivé et *convient* sont impersonnels accidentels, parce qu'on peut dire : de grands malheurs *sont arrivés,* travailler *convient.*

3° Nous appelons verbes *pronominaux* ceux qui se conjuguent avec *deux* pronoms de la *même* personne, comme :

Je me flatte, *tu te* trompes, *il se* rit, *nous nous* essayons, etc.

Mais ils sont de deux sortes : ceux qui ne peuvent *jamais* se conjuguer autrement qu'avec deux pronoms, et qu'on appelle pour cette raison pronominaux *essentiels*, comme :

Se repentir, *s'*abstenir, *s'*emparer, *s'*agenouiller, etc.;

et les pronominaux *accidentels*, qui peuvent se conjuguer aussi bien avec *un seul* pronom qu'avec deux; tels sont :

Se flatter, *se* tromper, *se* séparer, *s'*abîmer, etc.

Voici la liste des principaux verbes pronominaux *essentiels :*

S'absenter.	S'écrouler.	S'évader.	Se moquer.
S'abstenir.	S'efforcer.	S'évanouir.	S'opiniâtrer.
S'accorder.	S'emparer.	S'évaporer.	Se raviser.
S'acheminer.	S'empresser.	S'évertuer.	Se rebeller.
S'adonner.	S'en aller.	S'extasier.	Se refrogner.
S'agenouiller.	S'enfuir.	Se formaliser.	Se réfugier.
S'attrouper.	S'enquérir.	S'ingénier.	Se rengorger.
Se cabrer.	S'en retourner.	Se méfier.	Se soucier.
Se démener.	S'escrimer.	Se méprendre.	Se souvenir.

4° Le *complément direct* (ou régime direct) d'un verbe est le mot qui répond à la question *quoi ?* faite après ce verbe. Ainsi dans cette phrase :

Le temps détruit toute chose,

le mot *chose* est le complément direct, puisqu'il répond à la question : *le temps détruit quoi ?*

Nota. Il est une autre manière de trouver le régime direct; c'est de mettre au passif la phrase donnée : alors le régime direct est le mot *sujet* de cette phrase. Ainsi, quand on dit : *nous aimons notre patrie,* ces mots *notre patrie* étant le sujet de *notre patrie est aimée par nous,* on en conclut que c'est le régime direct de *aime.*

Le complément *direct,* quand il est placé *avant* le verbe, est ordinairement représenté par un substantif joint aux mots *quel, que de, combien de,* ou par les pronoms *me, te, se, nous, vous, le, la, les, que,* comme dans ces phrases :

Quelle faute ai-je commise? — *Que d'*autels on eût érigés à de tels hommes! — *Combien de* lettres anonymes a-t-il reçues? — *M'*avez-vous condamné sans espoir de pardon? — Les vents *nous* ont exaucés cette nuit. — Le bruit de vos exploits *les* a tous attirés. — Les solides trésors sont ceux *qu'*on a donnés.

Mais il ne faudrait pas croire que ces pronoms soient toujours compléments directs; souvent ils n'en ont que l'*apparence,* ce qui complique encore les difficultés pour l'accord du participe.

Devant les verbes pronominaux *accidentels,* les pronoms *me, te, se, nous, vous,* ne peuvent être régimes directs que si ces verbes sont *actifs.* Ainsi, comme *plaire, nuire* et *succéder* sont neutres, les pronoms *se, te, nous,* ne sont point régimes directs dans :

Ils *se* sont plu, tu *t'es* nui, nous *nous* sommes succédé.

A ces difficultés s'ajoutent encore, pour les étrangers, celles qu'offrent les verbes qui, actifs en français, peuvent ne pas l'être dans leurs langues respectives. Mais ces particularités ne sont pas de ma compétence, et je passe à l'énoncé des règles.

Énoncé des règles fondamentales du participe passé.

Je ramènerai à *trois* règles toute la théorie du participe passé : dans une première, j'exclurai de la variabilité un certain nombre de participes, puis je donnerai successivement, pour les autres, la règle de ceux qui se conjuguent avec *être,* et celle des participes conjugués avec *avoir.*

Règle d'exclusion.

Sont toujours *invariables :* le participe *été,* le participe *eu* dans les temps doublement composés, tout participe équivalant à une *préposition,* le participe de tout verbe *impersonnel,* essentiel ou accidentel, ainsi que le participe *fait* suivi d'un infinitif. Voilà pourquoi on écrit :

Ils ont *été* ce que nous sommes.
Cette lecture que j'aurais *eu* finie sans cette visite, m'intéresse.
Passé l'heure fixée, je ne vous attendrai plus.

Que d'ouvriers *il a fallu* pour bâtir les pyramides !
Combien de maux *il est* déjà *résulté* de cette mesure !
Ceux qu'on a *fait* parler l'ont accusé.

NOTA. Voici la liste des participes qui s'emploient comme prépositions : *attendu*, quand il signifie en considération de ; *excepté*, hormis ; *ouï*, sur l'exposé de ; *passé*, après ; *supposé*, en admettant ; *vu*, à cause de ; *non compris*, à l'exclusion de ; *y compris*, avec. — Dans ce cas, ces participes précèdent toujours *immédiatement* le substantif.

Règle du participe passé conjugué avec ÊTRE.

Le participe passé conjugué avec l'auxiliaire *être*, exprimé ou *sous-entendu*, s'accorde toujours en genre et en nombre avec le *sujet* du verbe, quelle que soit la place de ce sujet dans la phrase, et quels que soient les mots qui accompagnent le participe :

Le *fer est émoussé*, les *bûchers sont éteints*.

(VOLTAIRE.)

Que de *scandales évités !* que de *crimes prévenus !* que de *maux* publics *arrêtés*, que de *faibles conservés !* etc.

(MASSILLON.)

Bénis soient les *rois* qui sont les pères de leurs peuples !

(FÉNELON.)

C'est à l'ombre des lois que les *arts sont nés*.

(THOMAS.)

Comme les participes passés des verbes pronominaux *essentiels* sont *toujours* accompagnés de l'auxiliaire *être*, ils se trouvent naturellement soumis à la *même* règle. Voilà pourquoi ils sont variables dans ces exemples :

J'estime, après tout, que ce sont des fautes dont *ils* ne se *sont* jamais *souciés*.

(BOILEAU.)

L'*Académie s'est souvenue* de cette longue prospérité qui l'a suivi jusqu'au tombeau.

(MARMONTEL.)

NOTA. Lorsque les verbes *rendre, demeurer, rester, se trouver*, sont suivis d'un participe, on les assimile au verbe *être*, et ce participe s'accorde, en vertu de la règle précédente. On doit écrire : Je rends *carrée* cette *boule*, l'*âme* demeure *suspendue*, *ils* restèrent *étourdis*, *ils* se trouvèrent *interdits*.

Règle du participe passé conjugué avec AVOIR.

Le participe passé, conjugué avec l'auxiliaire *avoir,* exprimé ou *sous-entendu,* s'accorde en genre et en nombre avec *le régime direct* quand celui-ci le *précède,* et reste *invariable* s'il n'y a pas un tel régime dans la phrase, ou si ce régime est placé *après* le participe. Ainsi dans les exemples suivants :

Quelle guerre intestine *avons*-nous *allumée !*

(RACINE.)

Les meilleures harangues sont celles *que* le cœur *a dictées.*

(MARMONTEL.)

on écrit : *allumée* et *dictées,* parce que ces participes s'accordent avec *guerre* et *que* (mis pour harangues) qui sont placés avant eux.

Mais on trouve avec les participes *invariables :*

Les dieux *ont attaché* presque autant de *malheurs* à la liberté qu'à la servitude.

(MONTESQUIEU.)

C'est la vérité elle-même qui *a dicté* ces sages *paroles.*

(BOSSUET.)

Où la mouche *a passé* le moucheron demeure.

(LA FONTAINE.)

parce que le régime direct est après le participe, dans les deux premières phrases, et que, dans la troisième, il n'y en a pas.

Attendu que les verbes pronominaux *accidentels* se conjuguent avec l'auxiliaire *être,* mis pour *avoir,* l'accord de leur participe passé est *logiquement* régi par la règle précédente. Ainsi dans ces phrases :

Il n'est pas un seul point de théologie sur lequel les hommes ne *se soient divisés.*

(VOLTAIRE.)

Elles *se sont proposées* comme modèles de douceur.

(BESCHER.)

Ils *se sont donné* l'un à l'autre *une promesse* de mariage.

(MOLIÈRE.)

les participes *divisés* et *proposées* ont été accordés, le premier avec le pronom *se* mis pour *les hommes,* et le second aussi avec *se,* mais mis pour *elles*. Quant à *donné*, on l'a laissé invariable, parce que son régime, *une promesse*, est après lui.

NOTA. Le participe passé du verbe s'*arroger*, quoique appartenant à un verbe pronominal *essentiel*, suit la règle du participe passé conjugué avec *avoir*. Ainsi il faut écrire avec l'Académie : « Ils se sont *arrogé* ce privilége ; les priviléges que cette nation *s'est arrogés* sont immenses. »

§ 2. — DIFFICULTÉS POUR L'APPLICATION DES RÈGLES FONDAMENTALES.

L'application des règles que je viens d'énoncer présente des difficultés relatives au genre et nombre du régime direct, au participe suivi d'un verbe à l'infinitif, à certaines phrases elliptiques, à quelques verbes qui changent de nature, et enfin à certaines transpositions de termes.

Difficultés relatives au genre et nombre du régime direct.

1° Lorsque *l'* (apostrophe) est complément direct, il peut arriver que ce pronom soit *elliptique* (mis pour un adjectif, un infinitif ou un membre de phrase). Or, comme dans ce cas, il est toujours *masculin singulier*, le participe reste *invariable* :

Cette querelle fut, comme nous *l'*avons *vu*, l'unique cause de la mort de Henri IV.

(VOLTAIRE.)

Sa vertu était aussi pure qu'on *l'*avait *cru* jusqu'alors.

(VERTOT.)

Mais, si le pronom *l'* représente un substantif ou un autre pronom, il est *masculin* ou *féminin*, et le participe s'*accorde* avec lui :

Je *l'*ai *vue* à la fin, cette grande cité.

(J.-J. ROUSSEAU.)

Ma cousine est toujours la même que je *l'*ai *vue*.

(BESCHER.)

NOTA. Quand *l'* précède l'expression *échapper belle*, le participe reste invariable : « Je *l'*ai *échappé* belle, criait Jehan. » (Victor HUGO.)

2° Lorsque le participe est précédé du pronom *en*, n'ayant avant lui aucun *autre* mot qui soit complément direct, ce participe reste toujours *invariable*, quel que soit le mot dont le pronom *en* tienne la place. Ainsi on trouve :

Il crut avoir vu des miracles et même *en* avoir *fait.*

(VOLTAIRE.)

Tout le monde m'a offert des services et personne ne m'*en* a *rendu.*

(Mme DE MAINTENON.)

Mais il est évident que si *en* était accompagné de *que* ou d'un autre pronom régime direct, le participe s'accorderait avec ce *dernier,* comme dans cette phrase :

Cassius ne cherchait dans la perte de César que la vengeance de quelques injures *qu*'il *en* avait *reçues.*

(VERTOT.)

où le relatif *que,* mis pour *injures,* est le régime direct.

NOTA. Il importe beaucoup de remarquer qu'il ne s'agit ici que du participe passé conjugué avec *avoir;* car, s'il était question du verbe *être,* même sous-entendu, ou remplacé par *de,* le participe s'accorderait en vertu de la seconde règle fondamentale : *Il* y *en* a beaucoup d'*appelés* et peu d'*élus.*

3° Lorsque le complément direct est *que,* venant après *deux mots* unis par la préposition *de,* voici ce qu'il importe d'observer pour l'accord du participe :

(*a*) Généralement, le relatif est du genre et du nombre de celui de ces mots qui a le plus d'*importance* dans la pensée ; c'est donc le *sens* de la phrase qui doit décider de l'accord. Ainsi on écrira le participe suivant en l'accordant avec le *premier* mot :

Le *tribut* d'éloges *qu*'on a *payé* à cet auteur est bien mérité.

Mais on le fera accorder avec le *second* dans cette autre phrase :

Que direz-vous du mélange *des droits qu*'on leur a *reconnus?*

(*b*) Lorsque le premier mot est *le peu,* signifiant *le manque, la trop faible* quantité, le relatif a pour antécédent cet adverbe. Ainsi dans la phrase suivante :

Le peu d'instruction *qu*'il a *reçu* l'a fait tomber dans mille erreurs.

(MARMONTEL.)

l'auteur a dû mettre le participe au *masculin singulier*, parce que cela signifie : comme il n'avait pas *reçu assez d'instruction,* etc. Mais, quand *le peu* signifie seulement la *petite quantité,* le *second* mot sert d'antécédent au relatif, et donne le genre et le nombre au participe :

Je ne croïs pas que j'eusse besoin de cet exemple d'Euripide pour justifier le peu de *liberté que j'ai prise.*

(RACINE.)

(*c*) Après *un de...*, *un des...*, *une de...*, *une des...*, le *que* a pour antécédent, selon le sens, tantôt le mot sous-entendu après l'adjectif numéral, tantôt le mot pluriel qui suit la préposition *de*. On trouve écrit avec le participe au *singulier* :

Un de mes amis, que *j'ai visité* hier, m'a assuré que vous restiez.

(BESCHER.)

C'est *un* des bons médecins *qu*'il a *consulté.*

(*Idem.*)

parce que, dans ces phrases, on n'entend parler que d'*un* ami, que d'*un* médecin. Mais il faut écrire avec Voltaire :

Quant à Bayle, on sait que c'est *un* des plus grands *hommes que* la France ait *produits.*

parce que cela signifie que *plusieurs* grands hommes ont été *produits,* et que Bayle est l'un d'eux.

☞ On peut remarquer que, dans le second exemple, *c'est... que* pouvant se supprimer, il en résulte que le participe a pour complément *un* (médecin), tandis que dans le dernier, la même suppression ne pouvant se faire, parce que *ce* est mis pour *il*, le participe a pour complément le mot *pluriel* qui vient après *un.*

4° Lorsque le complément direct est *que* venant après *deux substantifs* unis par une *conjonction,* il faut savoir ceci pour bien écrire le participe :

(*a*) Si la conjonction est comparative, c'est-à-dire l'une des suivantes : *comme, ainsi que, de même que, aussi bien que, autant que, non plus que,* etc., le relatif *que* a généralement pour antécédent le *sujet* de la proposition principale. Ainsi Bescher a écrit :

C'est son *intérêt, aussi bien* que votre félicité, *qu*'il a *eu* en vue.

C'est sa *gloire, plutôt que* le bonheur de la nation, *qu'il* a *ambitionnée.*

(*b*) Mais, dans les autres cas, surtout avec les conjonctions *mais, non-seulement, moins que,* le *que* a pour antécédent le *dernier* substantif :

On m'a parlé de deux domestiques, *mais* notamment d'Alexis, *qu'on* a *vu* dans l'appartement où le malheur est arrivé.
(BESCHER.)

5° Le participe passé ayant pour régime un *adverbe* de quantité suivi d'un *substantif,* s'accorde généralement avec le *complément* de l'adverbe quand c'est un nom *pluriel :*

Que de vertus en vous un seul vice a *détruites !*
(SAURIN.)

Que de soins m'eût *coûtés* cette tête charmante !
(RACINE.)

Mais, quand le complément de l'adverbe est *singulier,* le participe doit s'accorder avec *celui* des deux mots qui est le plus en rapport d'idée avec lui. Ainsi, selon Bescher, il faut écrire :

Que d'eau il a *répandu* sur la terre ! — Voyez *que* d'herbe il a *foulé !*

Mais on écrira avec Boinvilliers :

Que *de magnificence* le Créateur a *déployée* dans ce vaste univers !

☞ Cet accord avec l'adverbe aurait également lieu si le participe était conjugué avec *être* et avait un sujet d'une composition analogue à celle des régimes précédents · « Jamais *tant de vertu* n'a été *réuni* à tant d'intelligence. » (Ch. NODIER.)

Difficultés du participe passé suivi d'un infinitif.

Dans toute phrase où un infinitif vient après un participe passé précédé d'un *régime direct,* ce régime, ainsi que le montre l'analyse, est, ou le régime de l'infinitif, ou le *sujet* de ce même verbe, auquel cas on le considère comme régime du participe.

Si le régime appartient à l'infinitif, le participe est invariable, comme n'ayant pas de régime avant lui ; mais s'il est sujet de cet infinitif, le participe est variable, parce qu'il est censé précédé de son régime direct.

Il suit de là qu'on peut formuler ainsi la règle du participe passé en question :

Le participe passé suivi d'*un infinitif,* s'accorde avec le mot qui figure comme *régime direct* avant lui, si ce mot est en même temps *sujet* de cet infinitif.

Tel est le principe simple et vrai qui doit, par analogie, résoudre *tous* les cas qui peuvent se présenter, soit avec les prépositions *à* ou *de,* avant l'infinitif, soit sans l'une de ces prépositions. Je vais d'abord l'appliquer à des phrases où l'infinitif n'a aucune préposition avant lui.

Soit proposé d'écrire les participes dans les phrases suivantes :

Pour être sûr de la vérité de ces choses, il faut *les* avoir [*vu*] s'accomplir.

Ils étaient punis pour les maux *qu*'ils avaient [*laissé*] faire.

Voici comme je raisonne :

Première phrase : Les choses (les) s'accomplissaient-elles? — Oui; donc il faut faire accorder le participe avec *choses,* c'est-à-dire le mettre au *féminin pluriel.*

Seconde phrase : Les maux (que) faisaient-ils? — Non; donc il faut que *laissé* reste invariable.

☞ Mes lecteurs trouveront sans doute paradoxal qu'un mot qui a la forme de *régime* puisse être *sujet* de l'infinitif. C'est un fait cependant; et, en attendant que je le mette en évidence au traité de la Construction, je les prie de considérer son analogue dans cette phrase : Il *me* faut partir, où le pronom *me* représente le sujet *je* de celle-ci : Il faut que *je* parte.

Le même principe, ai-je dit, s'applique aussi aux participes passés qui ont une *préposition* entre eux et l'infinitif. Mais, avant de l'appliquer, il faut s'assurer si le participe est bien *réellement* suivi d'un infinitif; car, avec les prépositions *à* et *de,* il y a deux circonstances que voici, où la question se réduit à un cas simple :

(*a*) Quand il s'agit de la préposition *de,* le participe n'est pas suivi d'un infinitif si ce verbe est *le complément* d'un *autre* mot de la phrase, comme dans cet exemple :

On s'est élevé contre la témérité que nous avons *eue de juger* de cette cour orientale,

où *de juger de cette cour* est le complément de *témérité.*

(*b*) Quand la préposition *à* se trouve avant l'infinitif et qu'elle peut se remplacer par *pour, afin que, dans le but de,* etc., comme lorsqu'on dit :

Les difficultés que vous m'*avez données à traiter*, etc.,

c'est encore un cas simple, qui se résout sans la moindre difficulté par la *troisième* règle.

Ces deux exceptions signalées, je vais montrer, en prenant des phrases d'auteurs, que le participe s'y écrit en vertu de la règle donnée plus haut.

Soient proposées ces deux-ci avec la préposition *de :*

J'ai marché aux ennemis *que* j'ai *contraints de s'enfermer* dans leurs places.

(VERTOT.)

Il entra en Italie *qu*'il avait *résolu de rendre* le théâtre de la guerre.

(ROLLIN.)

Première phrase : Les ennemis (que) s'enfermaient-ils ? — Oui ; donc le participe doit varier, ce qui a lieu en effet.

Seconde phrase : L'Italie (que) devait-elle rendre ? — Non ; donc *résolu* doit rester invariable, ce qui est conforme à la phrase.

Soient maintenant ces deux autres avec la préposition *à :*

La plante, mise en liberté, garde l'inclinaison *qu*'on *l*'a *forcée à prendre*.

(J.-J. ROUSSEAU.)

Quels travaux n'a-t-elle pas *eu à supporter* avant d'entrer dans le port.

(DE PRADT.)

Première phrase : L'inclinaison (que) prenait-elle ? — Non ; donc le participe ne s'accorde pas avec *inclinaison*. Mais il y a un autre régime direct : la plante (l') prenait-elle ? — Oui ; donc le participe s'accorde avec ce mot et doit s'écrire au féminin singulier, ce qui est bien l'orthographe de l'auteur.

Seconde phrase : Les travaux ont-ils supporté ? — Non ; donc le participe doit rester invariable, ce qui est conforme à la citation.

☞ Je prie les étrangers de bien remarquer cette coïncidence de la *réponse* avec *l'orthographe* réclamée par le participe passé. Quand cette réponse est *oui*, cela signifie : *oui, le participe est variable;* et quand elle est *non*, cela veut dire : *non, le participe n'est pas variable.*

Difficultés de certaines phrases elliptiques.

1° Toutes les fois qu'un infinitif se sous-entend *après* un participe passé, ce dernier doit rester *invariable,* parce que cette suppression (comme la Construction l'apprend), ne peut s'opérer qu'autant que l'infinitif *n'a pas* pour sujet les mots qui se présentent sous forme de *régime*. Ainsi on trouve :

Je lui ai lu mon épître posément, jetant dans ma lecture autant de force *que* j'ai *pu.*

(Boileau.)

Ils ont donné à leurs enfants toute l'éducation *que* leur a *permis* leur fortune.

(Bescher.)

parce que, dans ces exemples, *force* et *éducation* ne sont pas les sujets des infinitifs sous-entendus *jeter* et *donner*.

2° Quelquefois toute une proposition précédée d'un *que* est sous-entendue après le participe passé. Alors c'est le cas du participe entre deux *que,* lequel est toujours *invariable,* parce que l'analyse fait voir que la proposition sous-entendue est toujours le *régime direct*. Ainsi Voltaire a écrit :

S'il avait demandé M. de Fontenelle pour examinateur, je lui aurais fait tous les vers *qu*'il aurait *voulu.*

parce que le régime direct est, non pas *que,* mis pour *vers,* mais bien *que je lui fisse,* proposition sous-entendue.

☞ Ce n'est quelquefois qu'avec la plus grande attention que l'on peut reconnaître s'il y a une proposition de sous-entendue, ou si le participe a pour régime direct le *que* précédent, témoin cette phrase : Je n'avais pas fait pour le voyage tous les préparatifs qu'il *aurait voulu.* —C'est à celui qui écrit de voir ce qu'il veut exprimer.

3° Avant les verbes qui expriment la durée, les pronoms *le, la, les, que,* se présentent souvent sous l'*aspect* de compléments directs, mais ils ne le sont pas : la préposition *durant* ou *pendant* est sous-entendue, et le participe, par conséquent, doit rester *invariable*. Ainsi dans ces exemples :

Que n'a-t-elle pas fait pendant le peu de jours *qu'*elle a *régné* ?

(FLÉCHIER.)

Je regrette beaucoup les années *que* j'ai *vécu* sans pouvoir m'instruire.

(J.-J. ROUSSEAU.)

L'Allemagne a couru les plus grands dangers dans les dernières années *qu'*a *duré* la dernière guerre.

(DE PRADT.)

les participes doivent être écrits *régné, vécu, duré*, parce que les mots *que* qui les précèdent ne peuvent en être les régimes directs.

Difficultés relatives à certains verbes.

1° Nous avons un certain nombre de verbes qui, selon le sens, veulent tantôt un régime direct et tantôt un régime indirect. Ce sont : *aider, applaudir, commander, insulter, manquer* et *servir*, dont voici le sens actif et le sens neutre :

Aider quelqu'un, c'est le servir moralement ; — *aider à quelqu'un*, c'est plutôt le secourir matériellement.

Applaudir quelqu'un, battre des mains pour donner son approbation ; — *applaudir à quelqu'un*, le féliciter du succès des mesures qu'il a employées pour faire une chose.

Insulter quelqu'un, lui faire insulte, l'injurier ; — *insulter à quelqu'un*, manquer aux égards que réclame sa situation.

Manquer quelqu'un, ne pas le trouver, ne pas l'atteindre ; — *manquer à quelqu'un*, ne pas remplir les devoirs qu'on lui doit.

Servir quelqu'un, l'aider, l'assister ; — *servir à quelqu'un*, lui être utile.

D'après ces explications, il est clair qu'il ne faudra faire accorder les participes de ces verbes avec le pronom *personnel* régime qu'autant qu'ils seront employés dans le sens actif. Ainsi on écrira avec le participe *invariable* :

Il *nous* a *insulté* dans notre malheur.

Elles ne *vous* avaient pas *commandé* de faire cette commission.

Mais on le fera *varier* dans :

Les acteurs *que* nous avons *applaudis*.

Ce domestique *les* a bien *servis*.

2° Les verbes suivants doivent être considérés comme *essentiellement* pronominaux quand ils sont suivis de la préposition *à* ou *de*, bien qu'ils puissent se conjuguer autrement que sous la forme pronominale : *s'attaquer à, s'aviser de, s'apercevoir de, se réjouir de, se plaindre de, se servir de, s'étudier à, s'informer de, s'ouvrir de, se mêler de.*

Ainsi il faut écrire *variables* les participes de ces phrases :

Ils *se sont attaqués à* plus fort qu'eux.
De quoi se sont-*ils avisés* ?
Ils se sont *plaints d'*avoir été trompés.
Vous vous *êtes étudiés à* vous perfectionner.

NOTA. Ceux de ces verbes qui prennent après eux la préposition *de* changent quelquefois *de* en *que* (en vertu d'une règle qui sera donnée à la Construction); mais l'accord du participe n'en a pas moins lieu : Ils *se sont aperçus qu'*on les trompait; elles *se sont réjouies que* vous eussiez réussi, etc.

3° En parlant des choses, nous employons très-souvent les verbes pronominaux au lieu des verbes *passifs,* comme lorsqu'on dit : *cette maison se bâtit,* tandis qu'en réalité c'est la maison *qui est bâtie.* Dans ce cas, le participe s'accorde *toujours* avec le *pronom régime,* comme si le verbe avait *réellement* le sens actif :

La vie pastorale, qui *s'est conservée* dans plus d'une contrée de l'Asie n'est pas sans opulence.

(VOLTAIRE.)

La langue latine et la langue grecque sont deux langues qui *se sont* longtemps *parlées,* et qui ne se parlent plus.

(LAMARRE.)

Difficultés dues à la transposition de quelques termes.

1° On rencontre quelquefois des participes qui, par suite d'une inversion, se trouvent précédés du verbe *avoir,* sans que celui-ci soit auxiliaire ; ils doivent s'accorder avec le *régime de ce verbe,* comme dans ces phrases :

Ils *ont découverts* le cou et la poitrine, de manière à ce que cette chemise flotte au vent.

(POITEVIN, *Cours de Dict.*)

On sait que les Romains voulaient *avoir sculptés* et *peints* sur les tombeaux des enfants riants, etc. (*Idem.*)

qui sont pour : ils ont le cou et la poitrine *découverts*,... voulaient avoir des enfants *sculptés* et *peints*, etc.

2° Souvent, quand un verbe est suivi d'un infinitif précédé d'un pronom, on peut (toujours en vertu d'une règle de construction), faire rétrograder ce *pronom* jusque *avant* le premier verbe, dont l'auxiliaire *avoir* se change alors en *être*, s'il s'agit d'un temps composé. Mais ce pronom n'a *aucune* influence sur le participe. Vous écrirez donc :

Il n'est pas étonnant qu'ils *se soient voulu* exterminer l'un l'autre. — Elle *s'est pensé* blesser. — Nous *nous sommes voulu* sauver.

parce que cela signifie : qu'ils *aient voulu* s'exterminer..., elle a *pensé* se blesser... nous avons *voulu* nous sauver, etc.

§ 3. — Des points controversés.

Quoique la question du participe passé soit, sans contredit, de toute notre grammaire celle qui a excité le plus de débats, elle n'est point encore entièrement résolue ; il y reste trois points principaux en litige, dont je dois entretenir mes lecteurs.

1°. — Participe précédé de EN et d'un adverbe de quantité.

Les auteurs du siècle dernier, dit M. Poitevin, écrivaient toujours *invariable* le participe précédé de *en* et d'un *adverbe de quantité*, et cette orthographe est suivie encore aujourd'hui par un grand nombre de grammairiens et par l'Académie elle-même ; mais quelque respectables que soient ces autorités, on ne peut adopter cette règle sans être exposé à mettre, dans un grand nombre de cas, l'expression en contradiction avec la pensée.

Cette opinion est aussi celle des auteurs de la *Grammaire nationale*, dont voici la doctrine :

Le participe passé précédé de *en* et d'un *adverbe de quantité*, doit *varier* lorsque *en* se rapporte à un nom pluriel, énoncé précédemment, et représentant des objets *distincts*, qu'on peut considérer individuellement, ajouter les uns aux autres, compter, comme dans ces phrases :

Quant aux sottes gens, *plus j'en* ai *connus*, *moins j'en* ai *estimés*.
(DESSIAUX.)

Son supplice fit plus de prosélytes que les prédicateurs n'*en* avaient *faits*.
(VOLTAIRE.)

Mais si, au contraire, le sens représenté par *en* n'offre à l'esprit qu'une idée fractionnaire, qu'une partie d'un tout, dont les éléments n'ont pas d'unité qui leur soit propre, et ne peuvent être comptés, le participe alors est invariable :

Par son analyse, Descartes a fait faire *plus de progrès* à la géométrie qu'elle n'*en* avait *fait* depuis la création du monde.
(THOMAS.)

Plus vous m'avez servi *de confitures*, plus j'*en* ai *mangé*.
(*Grammaire nation.*)

Je sais que cette manière de voir est partagée par plusieurs grammairiens modernes ; mais est-ce une raison suffisante pour l'adopter? Je ne le pense pas : puisque l'Académie et d'excellents auteurs laissent le participe *invariable*, il vaut mieux, dans une question aussi ardue, s'en tenir à la règle facile qu'ils mettent en pratique.

II°. — Participe passé suivi de l'infinitif ÊTRE.

Beaucoup de personnes croient encore, dit M. Poitevin, que le participe passé suivi de l'infinitif *être* doit rester *invariable ;* mais il n'en est rien. Dans ce cas, *être* est un terme explétif dont la valeur est nulle, et le participe s'accorde comme si ce verbe n'existait pas :

J'ai refusé ces deux billets, parce que je *les* ai *reconnus être* faux.
Des temples furent élevés à tous ceux qu'on avait *supposés être nés* de la divinité.

Napoléon Landais n'est point du même avis ; car il fournit plusieurs exemples, empruntés à la grammaire de Boniface, où le participe suivi de *être* est *variable*, et d'autres où il est *invariable :*

Les personnes *qu'*on a *crues avoir été* grièvement blessées.
Les personnes *qu'*on a *pensé être* suspectes.
Les personnes *qu'*on a *supposé être* à craindre.

Maintenant quelle est la meilleure des deux orthographes?

Remontons au principe. De quoi s'agit-il? d'un participe suivi d'un infinitif. Il faut donc *toujours* faire varier ce participe, car dans ces sortes de phrases, le *régime direct* qui le précède est toujours le *sujet* de l'infinitif. On doit donc écrire :

Je n'ai pas cru devoir accepter le concours de ceux *que* j'ai *reconnus* m'*être* hostiles.
Ils se sont fait la guerre pour de misérables droits *qu'ils* ont *supposés être* les leurs.
Ceux *qu'*on a *déclarés être* suspects sont des gens paisibles et inoffensifs.

Je ferai remarquer que cette application de la règle du participe suivi d'un infinitif est d'autant plus heureuse ici, que si l'on supprime le verbe *être,* ainsi que le permet toujours la Construction, on a pour le participe une orthographe *identique* à celle qu'on avait avant l'ellipse :

Tous ceux *que* j'ai *reconnus* hostiles.
Des droits *qu'*ils ont *supposés* les leurs.
Ceux *qu'*on a *déclarés* suspects.

III°. — Des participes COUTÉ, VALU, PESÉ.

Tout le monde est unanime pour faire accorder avec le régime direct qui les précède le participe *coûté* quand il signifie *causé, occasionné,* et le participe *valu,* quand il veut dire *procuré :*

Les peines *que* cette affaire m'a *coûtées.*
Les gratifications *que* votre protection m'a *values.*

Mais il n'en est pas de même quand il s'agit du sens *propre.*

La *Grammaire nationale,* parlant de ces participes, dit qu'au *propre* ils s'accordent *toujours* avec le *régime direct* qui les précède, et cite ces exemples :

Les cent francs *qu'*il *a coûtés.*
Les sommes *qu'*il a *values.*

Dans le même sens, l'Académie et la plupart des grammairiens laissent *coûté* et *valu invariables* :

> Les vingt mille francs *que* cette maison m'a *coûté*.
> Les mille francs *que* ce cheval a *valu*.

Quant à *pesé*, la *Grammaire nationale* le déclare toujours *variable ;* quelques-uns, au contraire, le veulent toujours *invariable,* et M. Poitevin estime qu'il ne doit pas varier s'il exprime *un état.*

En présence d'une telle divergence d'opinions, que doit-on faire? Voici quel serait mon avis :

Comme les verbes *coûter, valoir* et *peser* sont évidemment *neutres* quand ils signifient *être acheté à un certain prix, être de la valeur de, être du poids de,* et que, comme tels, ils *ne peuvent* avoir de régime direct, j'écrirais :

> Les quinze cents francs *que* ce cheval m'a *coûté*.
> Les cent mille francs *que* cette maison a *valu*.
> Les cent kilogrammes *que* ce ballot a *pesé*.

Mais je ferais *accorder* le participe du verbe *peser,* dans les phrases comme la suivante, parce que ce verbe, signifiant alors *estimer le poids,* a nécessairement *que* pour régime direct :

> Les colis *qu'*on a *pesés* sont encore là.

La règle qui fait varier les participes *coûté, valu* et *pesé* aussi bien quand ils sont neutres que lorsqu'ils sont actifs, est, sans doute, une règle bien commode ; mais celle qui consiste à marquer la différence de *sens* me semble bien plus vraie.

FIN.

TABLE ANALYTIQUE

DES MATIÈRES CONTENUES DANS CE VOLUME.

DEUXIÈME PARTIE.

LIVRE TROISIÈME.

CHAPITRE Ier.

CHAPITRE II.

CHAPITRE VI.

CHAPITRE VII.

FIN DE LA TABLE.

IMPRIMERIE DE A. GUYOT ET SCRIBE,
Rue Neuve-des-Mathurins, 18.

www.ingramcontent.com/pod-product-compliance
Ingram Content Group UK Ltd.
Pitfield, Milton Keynes, MK11 3LW, UK
UKHW021104290826
14628UKWH00014B/546

9 782014 463132